BIBLIOTHÈQUE DES ACTUALITÉS INDUSTRIELLES, N° 115

E. DE BOISMENU

FABRICATION SYNTHÉTIQUE DU DIAMANT

AF499672

PARIS
Librairie Bernard TIGNOL
PUBLICATIONS DE
L'ÉCOLE CENTRALE DES ARTS ET MANUFACTURES
53 bis, QUAI DES GRANDS-AUGUSTINS

FABRICATION SYNTHÉTIQUE
DU
DIAMANT

8° V
7237 (115)

En vente à la même Librairie :

Nouveau Manuel du Briquetier : Briques, Tuiles, Carreaux, par Emile LEJEUNE et BONNEVILLE. Beau volume in-16, 550 pages, 209 figures. — Reliure toile anglaise. — Prix..... **10** fr.

Manuel du Chaufournier et du Plâtrier, du fabricant de bétons et mortiers hydrauliques, par Emile LEJEUNE. Nouvelle édition. Beau volume in-16, 280 pages, 57 figures. Reliure anglaise. **7** fr. **50**

Manuel pratique du Monteur-Electricien. Le Mécanicien-chauffeur-électricien. — Montage et conduite des installations électriques, etc., par J. LAFFARGUE, ingénieur-électricien, attaché au contrôle des Sociétés d'électricité de la Ville de Paris. — Quinzième édition, revue entièrement par L. JUMAU, ingénieur-électricien. — Beau volume in-16, 1.008 pages, 927 figures et 4 planches en couleurs. Reliure toile anglaise. — Prix.......................... **10** fr.

Manuel pratique du Constructeur Electricien, par MM. G. PARDINI, CARABIN et L. J., ingénieurs-électriciens. — Beau volume in-16, 624 pages, 388 figures. Reliure toile anglaise. — Prix.. **10** fr.

Manuel pratique du Conducteur-Chauffeur d'Automobiles, nouvelle édition revue et mise à jour, par Maurice FARMAN. — Beau volume in-16, 328 pages, 215 figures. Reliure toile anglaise. — Prix.. **5** fr.

Manuel pratique d'Exploitation des Mines, par A. LUPTON. Traduit de l'anglais par Daniel BELLET, directeur de la *Revue Minéralurgique*. — Beau vol. in-16, 510 pages, 569 figures. Reliure toile anglaise. — Prix.................................... **10** fr.

Catéchisme de l'Automobile à la portée de tout le monde, par H. DE GRAFFIGNY. Ingénieur civil. — In-16, cartonné, 64 figures. — Prix.. **2** fr.

Les Omnibus automobiles. Conseils pratiques sur l'organisation des transports en commun par omnibus automobiles, par G. LE GRAND. — Volume in-8, 16 figures. — Prix.................... **1** fr. **50**

Catéchisme des Chauffeurs et des Machinistes, traitant de la législation, de la combustion, de l'entretien, de la conduite des machines, mise en marche, description des organes, arrêt, machines spéciales, chaudières, foyers, appareils de sûreté, etc. — 8e édition, in-16, figures dans le texte. — Prix........................ **2** fr.

La Motocyclette et le Tricar. Choix de la machine et des appareils. — Acessoires. — Moteur à quatre temps. — Carburateur à pulvérisation. — Conduite. — Graissage. — Transmission. — Pannes, etc., par A. COQUERET. — In-8, avec figures dans le texte et un modèle avec détails en couleurs des organes superposés et démontables de la motocyclette. — Prix.................................. **3** fr.

Catéchisme de l'Aviation à la portée de tout le monde, par H. DE GRAFFIGNY. 1 vol. in-16, cartonné, 200 pages, 59 figures. — Prix...................................... **2** fr. **50**

Les Aéroplanes. Historique, Calcul et Construction des aéroplanes, par DE GRAFFIGNY. In-8 avec fig. et planches hors texte. 2e édition. — Prix.. **4** fr.

Manuel pratique de télégraphie sans fil, par J. GALOPIN, Ingénieur civil, ex-officier-mécanicien, Directeur de l'École des Mécaniciens de la Marine de La Rochelle. — In-16, 152 pages, 100 figures, Cartonné, dos toile. — Prix .... **3** fr.

BIBLIOTHEQUE DES ACTUALITES INDUSTRIELLES, Nº 115

E. DE BOISMENU

FABRICATION SYNTHÉTIQUE DU DIAMANT

R.F. IMPRIMÉS

AVEC 66 FIGURES DANS LE TEXTE

PARIS
Librairie Bernard TIGNOL
PUBLICATIONS DE
L'ÉCOLE CENTRALE DES ARTS ET MANUFACTURES
53 bis, QUAI DES GRANDS-AUGUSTINS

FABRICATION SYNTHÉTIQUE DU DIAMANT

R.F. IMPRIMÉS

CHAPITRE I

Considérations générales. — La synthèse du diamant est possible *a priori*. — Elle ne peut se comparer avec la fabrication illusoire de l'or. — Beaucoup de savants l'ont entreprise. — Moissan et Rousseau l'ont réalisée. — Inutilité de la pression et du refroidissement brusque.

La production du diamant par voie de synthèse est un des problèmes les plus intéressants que la science, toute moderne, de l'électrochimie ait abordés et résolus au cours de ces dernières années.

Fabriquer du diamant, sortir à volonté d'un creuset ce minéral merveilleux que la nature, malgré les prodigieux moyens dont elle disposait, malgré ses forces illimitées, malgré les chaleurs extrêmes qui régnaient aux premiers âges du globe, malgré la vertigineuse accumulation des siècles, semblait avoir eu tant de peine à produire en infimes et rares échantillons, n'était-ce pas là une entreprise digne de tenter l'ambition des savants, et de provoquer de leur part les recherches les plus patientes et les plus obstinées?

Et cependant, tandis qu'au cours des siècles, les alchimistes poursuivaient au fond de leurs laboratoires mystérieux la décevante recherche de la pierre philosophale, tandis que plongés dans d'indéchiffrables grimoires, mélangeant dans un incohérent amalgame la chimie, l'alchimie, la magie, la kabbale, ils appelaient à leur aide tous les diables de l'enfer pour arracher à la nature le secret de la transmutation des métaux et de la fabrication de l'or, bien peu d'entre eux avaient osé s'attaquer au problème du diamant, et, si l'on excepte quelques légendes léguées par le moyen âge, il semble bien que jusqu'à la fin du XVIIIe siècle aucune recherche sérieuse, aucun travail raisonné n'aient été dirigés dans ce sens.

Cela s'explique d'ailleurs par l'ignorance absolue où l'on se trouvait relativement à la nature même du diamant.

Venu des profondeurs des Indes mystérieuses, apporté par les caravanes ou par les navigateurs incapables de donner le moindre renseignement sur son origine, on en admirait l'incomparable éclat, la surprenante dureté, la pureté sans rivale, et cette admiration se doublait d'une sorte de superstitieux respect, car, plus encore qu'aux autres pierres précieuses, on lui prêtait de secrètes influences, une puissance occulte capable de se manifester pour donner la richesse, la santé ou la fortune, suivant sa couleur, sa pureté ou sa forme. Bref, c'était pour la crédulité un peu enfantine des peuples, un minéral d'origine quasi-divine, auquel s'attachait une vague terreur religieuse.

Aussi l'idée même d'en tenter l'analyse ou la reconstitution devait-elle apparaître comme une entreprise sacrilège devant laquelle reculaient les esprits les plus audacieux et les plus téméraires, et si quelques tentatives se produisirent dans cette voie, elles s'entourèrent, et restèrent enveloppées du mystère le plus profond.

Il faut arriver jusqu'à Lavoisier pour trouver l'origine et le point de départ des travaux de recherches méthodiques sur la constitution intime du diamant.

En 1772, le grand chimiste ayant fait brûler du diamant dans l'oxygène, découvrit qu'il se comportait exactement à la façon du charbon, et que les produits résultant de la combustion de ces deux corps semblaient identiques. Il signala cette analogie inattendue entre ces deux substances d'apparence si dissemblable, mais n'osa pousser ses conclusions jusqu'à proclamer l'identité complète qu'il soupçonnait déjà entre elles.

La démonstration de cette identité devait être faite un peu plus tard par le savant anglais Smithson Tennant, puis confirmée au commencement du XIXe siècle par les principaux savants de l'époque, Davy, Guyton de Morveau, Dumas,

Stass, etc., qui la classèrent définitivement comme une vérité acquise.

Ainsi cette pierre merveilleuse, ce fragment d'étoile n'était autre chose que du carbone, du vulgaire et grossier carbone, si banal, si abondant, si répandu dans l'écorce terrestre, et entre le morceau de houille opaque dédaigneusement jeté au fourneau, et la gemme splendide dont les feux rehaussaient le diadème royal, il n'existait aucune espèce de différence au point de vue de la composition intime, rien sinon un changement d'orientation de molécules identiques!

Comme pour donner raison aux influences occultes que la superstition populaire prêtait au diamant, l'illustre Lavoisier, coupable d'avoir découronné le roi des minéraux, coupable surtout d'avoir eu trop de génie à une époque où toute supériorité conduisait à l'échafaud, porta sous le couteau égalitaire l'admirable et puissant cerveau d'où est sortie toute la chimie moderne.

Mais sa découverte ouvrait un filon d'une fécondité exceptionnelle, et si la synthèse du diamant n'apparaissait pas encore comme aisément réalisable, du moins pouvait-on, dès ce moment, en concevoir la possibilité, et prévoir que tôt ou tard elle deviendrait un fait accompli.

En effet, puisque le diamant n'était pas autre chose que du carbone, le problème de la synthèse se réduisait à le faire passer, de l'une de ses formes communes si répandues dans la nature, à la forme cristallisée si rare et si précieuse.

Problème très net, on le voit, problème en apparence assez simple, mais hérissé, en réalité, de nombreuses difficultés, problème non insoluble cependant puisque la nature l'avait résolu.

On a souvent établi, parfois intentionnellement, une confusion bizarre entre la fabrication du diamant par voie de synthèse, et la fabrication de l'or par transmutation des métaux. Englobant dans le même dédain supérieur le problème scientifique et le rêve utopique, on s'est efforcé de discréditer par de trop faciles ironies les « alchimistes modernes » assez fous pour consacrer leur temps et leur savoir à la poursuite de semblables chimères.

Mais que pèsent de semblables ironies, que vaut l'opinion de la masse ignorante ou intéressée quand on cite simplement les noms des savants tels que Despretz, Ludwig, Hannay, Marsden, Friedel, Berthelot, Moissan, Maumené, Rousseau, Burton et tant d'autres chimistes illustres qui, non seulement ont cru à la possibilité de cette synthèse, mais encore en ont poursuivi l'étude avec une inlassable obstination?

Aujourd'hui, on ne fait plus d'alchimie; des laboratoires clairs et spacieux ont remplacé les antres mystérieux du moyen âge. La fée Electricité a chassé des fourneaux les diablotins attisant la flamme de leurs soufflets enchantés. Les grimoires orientaux pleins d'incantations sataniques ont fait place à de loyaux recueils de formules honnêtes. Les alchimistes eux-mêmes sont devenus des chimistes tout court, et si leurs blouses blanches se constellent encore de dessins bizarres, c'est aux éclaboussures d'acides qu'il convient de s'en prendre. Sans souci des prohibitions qui leur interdisaient de franchir le seuil de certains mystères inviolés, ils abordent avec une méthode tranquille et sûre les problèmes les plus compliqués, les synthèses les plus délicates, et un beau jour, à force de patience et d'obstination, ils finissent par en triompher....

C'est ce qui s'est produit pour le diamant que Moissan a pu faire sortir de son four électrique, et que j'ai obtenu moi-même, plus abondant et plus volumineux, par le procédé que je décrirai plus loin, et qui n'a rien à voir avec les pratiques secrètes de l'alchimie!

Entre la synthèse du diamant et la fabrication de l'or il ne saurait y avoir aucun rapprochement possible, sinon la rareté et le prix des matières à constituer.

L'or, le métal précieux par excellence est fort peu abondant sur notre planète. Tout le monde sait qu'on le rencontre à l'état de métal à peu près pur, en grains ou en masses plus ou moins importants, depuis la poudre impalpable et invisible disséminée dans les quartz ou dans les sables, jusqu'aux volumineuses pépites dont certaines représentent une fortune; soit en filons épars dans les roches, soit encore dissous dans certains corps ou combiné avec d'autres.

Le recueillir par des lavages ou des broyages, le séparer de ses combinaisons par des traitements chimiques appropriés, c'est ce qu'ont fait de temps immémorial les chercheurs d'or et les mineurs de tous les pays.

Mais ce n'est pas là le problème.

La rareté du précieux métal ou de ses minerais ne répondait pas à l'avidité fiévreuse de l'esprit humain. Puisque l'or était si peu abondant, il fallait en fabriquer, et en fabriquer de toutes pièces ; et pendant des siècles, avec un invincible acharnement, se poursuivit la recherche du « Grand œuvre, » de cette pierre philosophale dont la vertu magique devait, à l'inverse du poète, transformer en or pur le plomb vil ou tout autre métal.

Aujourd'hui, le problème s'est quelque peu transformé, en revêtant un caractère plus scientifique. Il s'agit encore de transmuter les métaux communs en or pur, non plus par la vertu de la pierre philosophale, mais par des opérations raisonnées, par une nouvelle orientation des molécules, par un groupement différent de leur masse, qui en changerait l'aspect, la couleur, la densité, la dureté, etc.

Sous cette forme, le problème est-il insoluble?... Qui oserait le soutenir? Déjà, à maintes reprises, on a annoncé qu'il était résolu, et il y a peu d'années, on a fait grand bruit autour d'un métal baptisé « argentaurum », qui présentait avec l'or de telles analogies que la monnaie de Philadelphie s'y serait trompée (?) et qui, d'après les déclarations de son inventeur, provenait de la transmutation de l'argent en or par des moyens purement cinétiques.

Hier encore, toute la Presse rapportait les interviews d'un chimiste qui se flattait de fabriquer chaque jour quelques grammes d'or pur, et faisait appel aux gouvernements pour s'entendre avec lui !

Faut-il ajouter foi à ces inventions dont le plus grand tort, à notre sens, est de ne pas dévoiler leurs mystères?

Assurément, pour croire à leur réalisation possible, il faudrait tout d'abord admettre que la molécule constitutive du métal dénommé or est identique à celle qui constitue le plomb, l'argent, le fer, etc.

Et cela nous amènerait à accepter la théorie de l'atome

unique que certains savants, et non des moindres, considèrent comme possible, sinon comme probable. D'après cette théorie de l'unité de la matière, il n'existerait dans l'univers qu'une seule forme et une seule nature d'atomes, et tous les corps quels qu'ils soient, solides, liquides ou gazeux, les minéraux, les animaux, les plantes, les eaux, les gaz, etc., seraient tous formés des mêmes atomes constitutifs, strictement identiques, mais groupés différemment, et se révélant par suite sous les aspects les plus divers et avec les propriétés les plus dissemblables pour nos sens.

L'analyse spectrale semble bien donner à cette théorie un éclatant démenti en arborant sur chaque corps simple une banderole multicolore nettement définie, véritable pavillon qui attribue à chacun sa nationalité propre; mais qui pourrait dire si les raies de ce pavillon proviennent de la molécule elle-même. ou si elles sont le résultat des états d'équilibre dans lesquelles elle se trouve?

Allons plus loin, et suivons pour un instant les conceptions audacieuses de certaines écoles modernes de philosophie scientifique pour lesquelles la matière elle-même n'est qu'une convention, que seule, l'Energie, agissant sur nos sens, peut nous faire concevoir comme une réalité. Or si l'Energie se manifeste à nous sous des formes variées, l'esprit humain ne saurait concevoir qu'elle ne soit pas une, dans son essence même. Et cette conception, si on l'admet, apporterait une force singulière à la théorie de l'unité de la matière....

Quoi qu'il en soit, et même en invoquant la théorie des molécules identiques, il resterait à les orienter et à les équilibrer dans un ordre convenable. Comment s'y prendre? — Voilà, semble-t-il, l'X qu'on n'est pas encore arriver à dégager.

Donc, et jusqu'à nouvel ordre, pour fabriquer de l'or, il faut du minerai d'or, et ce minerai n'a été semé sur notre indigente planète qu'avec une dérisoire parcimonie.

Pour le diamant, c'est une autre affaire. Si le carbone, à l'état cristallisé, est infiniment rare, il est en revanche répandu sous ses autres formes dans toute la nature, avec une profusion illimitée, et si l'on nous permet cette expression, rien n'est plus commun et plus abondant que le minerai de diamant!

Mais pourquoi le diamant lui-même est-il si rare?

Parce qu'il a fallu, pour qu'il puisse se former, que le carbone pur, qui devait le constituer, échappât d'une façon complète, à toute action oxydante. Or, si l'on veut bien considérer que la croûte terrestre tout entière est pour ainsi dire imprégnée d'oxygène dans toutes ses parties, on conçoit que ce n'est que dans des cas extrêmement rares que le carbone ait pu se trouver isolé et soustrait au contact de l'oxygène, avec lequel il se serait fatalement uni s'il l'eût rencontré, pour former de l'oxyde de carbone ou de l'acide carbonique.

Or cet isolement de l'oxygène, si difficile à réaliser pour la nature aveugle, rien n'est plus aisé que de l'obtenir dans un laboratoire.

Dans la série d'expériences au cours desquelles j'ai obtenu le diamant, je considère que le soin que j'ai pris de former dans mon four une atmosphère neutre de vapeurs de calcium a contribué dans la plus large mesure à la réussite de cette synthèse.

L'historique des recherches entreprises par les plus grands chimistes et les plus habiles opérateurs du XIXe siècle, dans le but de réaliser la synthèse du diamant, forme un ensemble de travaux considérables, dont le détail excèderait les cadres de ce mémoire. Les ouvrages très complets de MM. Boutan et Jean Escard renseigneront les chercheurs sur cette question.

Mais seules les expériences de Moissan et de Rousseau ont donné des résultats nettement tangibles et réels, bien qu'à peine perceptibles.

L'échec de tant de recherches, dirigées par des esprits si puissants, s'explique par l'obscurité profonde qui planait sur l'origine du diamant et sa formation dans la nature.

Un grand nombre d'hypothèses s'étaient donné carrière pour expliquer cette formation et de ces hypothèses dérivaient pour chacun les méthodes de recherches toujours diverses, et parfois contradictoires.

Aujourd'hui encore, les chimistes et minéralogistes sont loin d'être d'accord sur la façon dont le diamant a pris naissance dans les terres où on le rencontre.

En dépit du soin minutieux avec lequel on a étudié les gisements diamantifères des Indes, du Brésil et du Cap, relevé les conditions de formation géologique du milieu, rapproché les divers éléments sur lesquels on pouvait étayer une théorie rationnelle quelconque, les opinions les plus variées, les plus opposées, et souvent les plus inadmissibles se sont successivement produites; et à l'heure actuelle, malgré l'ingéniosité de certaines théories et la valeur incontestée de leurs auteurs, aucune des explications proposées ne saurait éclairer d'une lumière définitive cet intéressant problème. La question reste aussi inexpliquée qu'elle l'était lors de la fameuse expérience de Lavoisier en 1772, et l'on peut dire que la nature n'a pas encore révélé son secret de fabrication.

C'est Moissan, que nous évoquions tout à l'heure, qui a serré de plus près l'étude de cette question.

Avec l'inflexible méthode qui présidait à ses recherches, avec son inlassable patience, la scrupuleuse minutie de ses préparatifs, la logique savante avec laquelle il formait la chaîne de ses déductions, et grâce à sa connaissance profonde de la chimie, il est parvenu au but; il a fabriqué du diamant, et si les résultats qu'il a obtenus ont été assez faibles pour que certaines personnes aient cru pouvoir en contester l'authenticité, il n'en reste pas moins, pour la presque unanimité des savants, celui qui a eu la gloire de réaliser le premier cette magnifique synthèse.

Mais ses expériences, si ingénieuses qu'elles fussent, étaient dominées par ce qu'on a appelé depuis le « dogme de la pression. » Moissan croyait à la nécessité d'une pression formidable pour obtenir la cristallisation du carbone, qui, pensait-il, aurait pris, sans cette condition, la forme du graphite.

Soumettre à une telle pression une masse métallique en fusion dans le four électrique n'était pas chose aisée; mais Moissan, qui avait pour les dispositifs du laboratoire un véritable génie d'invention eut l'idée, pour la réaliser, de faire appel au phénomène bien connu de la dilatation de la fonte en fusion brusquement refroidie.

Nous empruntons à l'ouvrage si bien documenté de M. Jean Escard : « Le Carbone, » la description de cette expérience célèbre qui eut à l'époque un retentissement considérable :

« On prépare du charbon de sucre aussi pur que possible « (on le débarrasse de ses impuretés en le faisant traverser au « rouge par un courant de chlore, et en le refroidissant dans « un courant d'azote), puis on comprime fortement ce charbon « dans un petit cylindre de fer doux ayant environ 3 centi- « mètres de hauteur, sur un centimètre de diamètre et formé « par un bouchon à vis de même métal. A l'aide du four élec- « trique, on fait fondre d'autre part environ 200 grammes de « fer doux, ce qui n'exige que 5 ou 6 minutes, puis, dans le « bain métallique liquide, on introduit rapidement le cylindre « renfermant le charbon de sucre. Le creuset est aussitôt « sorti du four et trempé brusquement dans un seau d'eau « froide. Il y a évidemment un grand dégagement de vapeur « d'eau, mais l'expérience n'offre aucun danger.

« De cette façon, il se forme par refroidissement brusque, « une couche de fer solide contenant intérieurement, et pen- « dant quelques secondes, une masse liquide qu'elle protège de « l'air extérieur. Quand cette croûte ne présente plus que la « température du rouge sombre, on retire le tout de l'eau, et « on laisse la masse se refroidir d'elle-même à l'air libre. « Pendant ce temps, le mélange de charbon et de fer a le « temps de presser contre lui-même, et de donner précisé- « ment naissance au carbone cristallisé. »

C'est par ce procédé que Moissan obtint quelques cristaux microscopiques possédant toutes les propriétés du diamant.

Un peu plus tard, il modifia certains dispositifs de son expérience initiale, dans le sens d'un refroidissement plus rapide de la masse fondue, et la mit en contact avec de la limaille de fer ou de cuivre, dont la bonne conductibilité augmentait le refroidissement de cette masse, puis avec du plomb fondu, et enfin du mercure.

Dans ces diverses opérations, il lui parut que la vitesse du refroidissement intervenait dans un sens favorable, et que les cristaux obtenus étaient sensiblement plus gros. Mais il ne put jamais arriver à dépasser une certaine limite, et le plus gros des cristaux qu'il ait obtenus n'atteignait que 7 dixièmes de millimètres dans sa plus grande dimension.

Pourquoi Moissan attribuait-il à la pression une importance si capitale qu'il la considérait comme une condition essentielle à la réussite de ses expériences? Il semble qu'il y ait eu chez lui une sorte d'idée préconçue dont l'origine ou tout au moins la justification n'apparaît pas clairement.

Assurément, tout porte à croire que le diamant s'est formé, et se forme encore aujourd'hui, dans les couches profondes de la masse terrestre, c'est-à-dire en des régions où règnent de formidables pressions. Mais de là à déduire que ces pressions énormes sont nécessaires à la formation du cristal, il y a loin, et un argument aussi inexistant ne pouvait influencer un esprit comme le sien.

Car, alors, on pourrait en dire autant de tous les corps projetés de l'intérieur à l'extérieur de la terre par les convulsions sismiques ou les éruptions volcaniques, c'est-à-dire de presque tous les corps existants que la synthèse reproduit chaque jour, et avec tant de facilité, à la pression ordinaire, dans nos laboratoires.

C'est plutôt au phénomène de biréfringence observé dans certains diamants, et à l'explication qu'en ont donné Brewster et Jeannetaz qu'il faut faire remonter l'origine de cette erreur.

Ces deux savants attribuent la biréfringence des diamants, ainsi que les bandes irisées qu'ils présentent parfois, à des fluides fortement comprimés inclus dans leur intérieur. Explication bien hasardeuse que seule la fragilité spontanée de certaines pierres du Cap aurait peut-être pu corroborer, si les expériences de Rousseau d'abord, et les synthèses nombreuses que j'ai exécutées à four ouvert ne lui avaient donné un démenti formel et définitif.

Non seulement la pression n'est pas un élément nécessaire à la formation du diamant, mais elle m'apparaît plutôt comme nuisible, ne fût-ce que par la complication qu'elle entraîne pour la réussite des expériences.

Il est un autre point sur lequel les divergences d'opinion des savants se sont manifestées avec une grande netteté, c'est la durée du refroidissement. Pour les uns, le diamant n'a pu se former que sous l'empire d'un refroidissement brusque; pour d'autres, au contraire, c'est à une action de refroidissement très lente, prolongée pendant des centaines et des centaines de siècles, qu'il faut attribuer sa formation.

Je n'oublierai jamais le dédain supérieur avec lequel un personnage notoire et officiel, expert en matière de diamants, jugea mon outrecuidante prétention de réaliser en quelques heures ce que la nature avait mis des millions d'années à obtenir!

Que la nature ait mis des millions et des millions d'années pour former les minéraux qui constituent la croûte terrestre, cela n'est pas douteux. J'ai même lu quelque part qu'il fallait environ 20.000 ans à notre globe pour se refroidir d'un degré....

Si l'on part de la nébuleuse initiale, et si l'on cherche à se représenter le temps qui lui a été nécessaire pour concentrer ses vapeurs, les condenser et les refroidir, on arrive, à quelques centaines de siècles près, à un impressionnant total. Que tous les éléments de la croûte terrestre aient participé à ce refroidissement, et en aient suivi les phases diverses, passant de l'état gazeux à l'état liquide, puis solide, au cours de l'incommensurable durée des âges, cela non plus ne saurait être contesté. Ce qui serait vraiment curieux et inexplicable, c'est que certains de ces éléments eussent échappé à cette ambiance, et se fussent miraculeusement formés en dehors de ces conditions.

Mais que la formation de tous ces minéraux ait eu lieu au cours d'une très longue période de refroidissement, en quoi cela prouve-t-il que cette durée ait été nécessaire?

Répondre par l'affirmative, comme le fait un peu étourdiment l'honorable expert, c'est nier, du coup, toute la chimie.

Est-ce que tous les jours, les synthèses de nos laboratoires ne produisent pas en quelques instants ce que la nature a mis tant de siècles à élaborer? Qu'est-ce donc que l'industrie du fer, du cuivre, du plomb, de l'étain?...

Voici un morceau de silice inclus dans une montagne de

calcaire qui, lentement, s'est formée au cours des âges. En quelques minutes, en prenant les ingrédients dont s'est servie la nature aveugle, la science éclairée va en produire un tout semblable.

Il serait oiseux d'insister sur une vérité aussi simple, dont seuls des yeux qui ne veulent ou ne doivent pas voir ne saisissent pas la lumineuse évidence.

Quoi qu'il en soit, dans la question de la pression, comme dans celle du refroidissement, les opinions du monde savant ont jusqu'ici continué à diverger, mais le synthèse que j'ai été assez heureux pour mener à bien apporte là-dessus des précisions suffisantes pour les mettre d'accord.

CHAPITRE II

Essai sur la formation du diamant dans la nature. — Le carbone doit pouvoir prendre l'état liquide pour cristalliser. — L'énergie de cristallisation. — Pourquoi le diamant est-il si rare?

J'ai envisagé le problème sous un aspect très simplifié.

Au surplus, n'étant ni un minéralogiste ni un chimiste de profession, mais seulement un praticien du four électrique avec lequel je m'étais familiarisé par une longue série de travaux industriels, j'ignorais, en abordant cette synthèse, la plupart des recherches dont elle avait fait l'objet jusqu'alors, ne connaissant en fait que les essais fameux et déjà lointains de Despretz sur la fusion du carbone, et l'expérience retentissante de Moissan.

J'ajoute que, sauf dans un rapide coup d'œil jeté quelques années auparavant aux vitrines du Museum, je n'avais jamais eu l'occasion d'examiner du diamant brut. Certes, j'en avais lu et appris des descriptions dans les cours de chimie. Je savais comme tout le monde que c'était le plus dur de tous les corps connus, qu'il cristallisait dans le système octaédrique, qu'on le clivait avec facilité, qu'on le taillait en rose ou en brillant. Je savais encore que son poids s'évaluait en carats, mais quant au nombre de centigrammes ou de milligrammes que représentait le carat, je n'en avais aucune idée.

Quand, plus tard, après avoir réussi ma synthèse, je révélai cette scandaleuse ignorance, elle provoqua dans certains milieux intéressés une indignation sincère, et un personnage notoire — c'était peut-être encore un expert — eut cette exclamation vengeresse : « Comment peut-il prétendre avoir fabriqué du diamant; il ne connaît même pas le poids du carat! »

Eh bien, c'est cette heureuse ignorance qui, en me dégageant des sentiers stériles tracés par mes devanciers, m'a permis d'aborder la question sans traîner derrière moi un encombrant bagage d'erreurs, et de suivre en explorateur, la voie féconde qu'un hasard m'avait indiquée.

Le diamant, me suis-je dit, le diamant, ce fragment d'étoile comme l'appellent les poètes, n'est pas tombé des étoiles. Il s'est tout prosaïquement formé au sein de la terre, où il continue sans aucun doute à se former encore aujourd'hui, sous l'action de certaines circonstances que nous ne connaissons pas. La nature l'ayant élaboré et l'élaborant encore, il en ressort d'une façon certaine que l'homme doit pouvoir l'élaborer. Donc, *a priori*, sa synthèse est possible.

Or ce diamant n'étant pas autre chose qu'un cristal de carbone, il m'a paru logique d'admettre, également *a priori*, que *pour pouvoir cristalliser, le carbone devait nécessairement prendre la forme liquide.*

Mais dans l'état actuel des « théories admises, » le carbone liquide apparaissait un peu comme une hérésie scientifique.

Dans de mémorables expériences, exécutées il y a une soixantaine d'années, et auxquelles j'ai déjà fait allusion, Despretz avait réalisé ou cru réaliser le ramollissement et même la fusion du charbon, mais depuis lors, aucun expérimentateur, même disposant de moyens beaucoup plus puissants, n'avait pu reproduire les symptômes de fusion observés par lui. Aussi, les résultats qu'il avait proclamés étaient-ils considérés comme peu probables, sinon illusoires.

Plus récemment, le docteur Ludwig semblait avoir entrevu la fusion du carbone, sans cependant que la démonstration en parût absolument péremptoire.

Enfin d'autres chimistes, et Moissan lui-même, auquel il faut toujours revenir dans cette intéressante question, sans avoir pu réaliser cette fusion, en admettaient néanmoins la possibilité.

Mais en dépit de ces opinions, on s'accordait en général à penser que la seule formule qui convînt était la suivante, qui constituait le dogme :

« Le carbone n'a pas de palier de fusion. Il ne peut ni fondre, ni même se ramollir. Chauffé à haute température, à l'abri des actions oxydantes, il se transforme en graphite. Chauffé en présence de l'oxygène, il brûle en passant directement de l'état solide à l'état gazeux, sans passer par l'état solide. »

Il y a beaucoup de vrai dans ce dogme. Et cependant, lorsque le carbone se trouve dissous dans un bain liquide en fusion: fonte, argent, calcium ou tout autre, sa molécule se trouve-t-elle à l'état solide ou à l'état liquide?

Certains chimistes, non sans quelque bardiesse, répondent nettement: « Elle n'est ni à l'état solide, ni à l'état liquide mais à l'état gazeux; » — ce qui revient à dire qu'un liquide est formé de molécules à l'état gazeux!

Et pourquoi à l'état gazeux? Parce que le carbone, n'ayant pas de palier de fusion, ne passe pas par l'état liquide.

Et qu'en savez-vous? — Parce qu'on n'a jamais pu l'obtenir ni le voir, ni même l'entrevoir dans cet état!

C'est catégorique et définitif!

Mais enfin que signifient exactement, quand on considère la molécule isolée, indépendamment du milieu dans lequel elle baigne, ces dénominations objectives d'état solide, liquide et gazeux.

La molécule, si toutefois elle existe en réalité, se conçoit-elle sous l'un de ces trois états, dont nous ne pouvons saisir le sens qu'en les rapportant à la réunion de plusieurs molécules et aux effets apparents qu'elles produisent sur nos sens suivant le cas?

N'est-ce pas bien plutôt les divers états d'équilibre qu'elle est susceptible de prendre suivant la température ou le milieu, que l'on doit désigner ainsi, et n'est-il pas rationnel d'admettre que la molécule de carbone, en dissolution dans un bain liquide, prenne l'état d'équilibre que nous appellerons l'équilibre liquide, et possède, de ce fait, les propriétés ordinaires des molécules se trouvant dans cet état, et notamment la propriété de cristalliser?

La cristallisation, d'après certains biologistes, serait une forme de la vie. De même que les cellules d'un corps vivant, d'une plante, d'un animal, se développent et se juxtaposent les unes aux autres suivant des lois morphologiques telles que les formes se maintiennent toujours identiques pour les mêmes espèces, — ainsi les molécules des cristaux, et en général de tous les minéraux, qui ne sont cependant pas des cellules, et qui ne possèdent aucun des caractères biologiques de la matière vivante, s'agglomèrent suivant des lois morphologiques leur maintenant l'aspect, les caractères, les propriétés physiques et chimiques propres à chaque variété d'espèce.

Les biologistes vont plus loin encore, et empruntent au règne animal les expressions qui désignent ces transformations, pour les appliquer au règne minéral. C'est ainsi qu'on dit que les cristaux « se nourrissent » en puisant dans leurs eaux-mères la substance dont ils forment peu à peu leurs couches successives.

En général, dans le règne végétal et dans le règne animal, les cellules puisent en dehors d'elles-mêmes les éléments nécessaires à leur développement, mais elles les traitent, les triturent, les élaborent pour en faire de nouvelles cellules, et l'on ne peut pas dire, par exemple, qu'une feuille se développe par l'afflux et le dépôt de matériaux identiques à ceux qui la composent, et qui seraient en suspension dans le milieu où elle vit, dans l'air.

Bien différente est la formation du cristal dans le règne minéral.

Dans ses eaux-mères se trouvent en suspension des molécules qui vont être appelées à son noyau d'abord, puis à sa surface, et ces molécules sont elles-mêmes de la matière absolument identique à celle du noyau.

Les eaux-mères du sulfate de cuivre, par exemple, contiennent des molécules de ce sulfate de cuivre, éléments impondérables des cristaux qui, sous l'empire d'une force inconnue encore dans son essence, sinon dans ses effets, vont se ranger dans un ordre géométrique parfait pour constituer peu à peu le cristal complet.

Mais quelle est cette force? Quel est son siège, son origine, sa nature? Voilà ce que l'esprit humain, depuis Epicure qui invoquait les atomes crochus pour expliquer la cohésion de la matière, jusqu'à nos jours où la découverte de la radioactivité des corps semble ouvrir une petite fenêtre sur cet inconnu, a essayé en vain de pénétrer.

En somme, toutes les théories que l'on a proposé d'admettre pour expliquer la constitution intime et les réactions réciproques des corps ne sont que des hypothèses plus ou moins éphémères et qui ne sauraient prétendre à ce caractère immuable et définitif qui est l'apanage de la vérité scientifique et dont seules quelques conceptions mathématiques peuvent nous donner le sentiment parfait.

C'est ma conviction de la fragilité de ces hypothèses qui m'a permis d'aborder dans une voie entièrement nouvelle le problème où tant de beaux et grands esprits, infiniment supérieurs à moi par leur puissance et leur savoir avaient successivement échoué.

Insoucieux du dogme, j'ai accepté comme valable l'hypothèse de la molécule liquide de carbone dans un bain liquide de carbure de calcium en fusion, j'ai admis que le carbone pouvait, dans ce cas, prendre l'état liquide; et c'est sur cette hypothèse que j'ai étayé le principe des recherches qui m'ont conduit à réaliser la synthèse dont je vais exposer la genèse et le développement.

2

CHAPITRE III

Genèse de la méthode de synthèse. — Maumené signale la présence du diamant dans le carbure de calcium. — Recherches et déductions qui en découlent. — Brevet de Boismenu pour la fabrication du diamant.

Il est bien rare qu'une découverte jaillisse toute faite du cerveau humain. En général elle est l'aboutissement naturel d'une suite de travaux, de recherches, de tâtonnements, de déductions, dans lesquels l'inventeur n'a pas toujours eu la plus grande part. Mais il a dit le mot ou fait le geste décisif, et c'est cela seul qui importe.

Presque toujours le point de départ d'une découverte est dû au hasard. Ensuite interviennent le raisonnement et la déduction qui aiguillent le chercheur sur la bonne voie, puis la patience et la ténacité qui lui font surmonter les déceptions des essais stériles, — l'ingéniosité qui lui suggère les dispositifs propres à amener la réussite, — un peu de savoir pour l'empêcher de s'égarer dans des conceptions fausses, et enfin l'argent, qui facilite le tout.

L'ensemble de ces facteurs, que je classe dans l'ordre décroissant de leur importance, prend dans le langage courant le nom pompeux de génie.

La méthode de synthèse que j'ai découverte n'a pas échappé à la loi de ce classique développement.

A l'origine se trouve une circonstance curieuse, véritable hasard, d'où découla normalement toute la suite de mes expériences.

Au commencement de l'année 1897, je remplissais les fonctions de Directeur technique dans une Société qui avait établi en Savoie une usine électrochimique pour la fabrication du carbure de calcium, récemment découvert.

Vers cette époque, je reçus la visite d'un chimiste de haute valeur et de grande réputation, M. le professeur Maumené, auteur des deux lois chimiques qui portent son nom, qui, depuis de longues années, avait orienté ses recherches vers la synthèse du diamant.

Il désirait analyser du carbure de calcium pour rechercher si les poussières de grande dureté signalées dans les résidus de ce carbure ne contiendraient pas, par hasard, des corindons ou même des diamants, et venait me demander quelques échantillons de notre produit.

Je m'empressai de déférer à son désir et fis porter quelques kilos de carbure à son laboratoire.

Quelques jours après, M. Maumené venait m'annoncer qu'il avait pu isoler, dans les résidus de ce carbure, une certaine quantité de cristaux très petits, qui, soumis à un minutieux examen, présentaient tous les caractères du diamant blanc, transparent, cristallisé.

Très frappé, et même fort ému de cette constatation, qui le rapprochait tout à coup du but de ses recherches, M. Maumené me persuada de monter à notre usine une petite installation spéciale pour lui permettre de suivre ce filon et de déterminer les conditions de formation des cristaux de carbone qui se rencontraient ainsi dans le carbure de calcium. Il espérait, après avoir fait cette détermination, arriver à les nourrir et à leur faire prendre une grosseur suffisante pour leur donner une valeur commerciale.

Mais les plans étaient à peine esquissés que M. Maumené, dont le grand âge n'avait pu résister à la secousse violente que lui causait la joie d'avoir entrevu la solution d'un problème contre lequel il luttait depuis si longtemps, mourut subitement.

La disparition de ce savant et excellent homme, jointe à certaines circonstances particulières qui entravaient alors la marche de la Société, ne me permit pas de pousser plus avant dans la question qu'il avait ouverte.

Cependant le bruit de ses analyses s'était répandu dans les

milieux scientifiques, et certains chimistes, entre autres M. Moissan, avaient procédé à des analyses de carbure qui ne leur avaient donné qu'un résultat franchement négatif.

Aussi considéraient-ils comme illusoires les résultats d'analyse annoncés par M. Maumené, et M. Moissan déclarait catégoriquement que le carbure de calcium ne contenait pas de traces de diamant.

L'opinion de M. Moissan n'infirmait pas dans mon esprit celle de M. Maumené, dont les assurances m'avaient paru indiscutables, appuyées qu'elles étaient par la production sous mes yeux de cristaux extrêmement petits, il est vrai, mais qu'il assurait avoir analysés.

La valeur et la sincérité de ces deux savants étant hors de discussion, je recherchai d'où pouvait provenir la divergence des résultats qu'ils proclamaient.

Or le carbure de calcium que fabriquait alors notre usine de Savoie, et sur lequel M. Maumené avait opéré ses analyses, était d'une qualité médiocre, souvent mauvaise. Il m'était même arrivé de faire jeter comme invendables des lots entiers de plusieurs milliers de kilos. Celui sur lequel avait opéré M. Moissan provenait des usines Bullier et était, au contraire, d'une qualité parfaite.

La déduction s'indiquait toute seule.

Dans le carbure fabriqué par notre usine et qui ne valait rien, on trouvait des traces de diamant. Dans l'autre, excellent, on n'en signalait pas. La formation du diamant devait donc apparemment provenir d'une réaction accidentelle, d'un défaut de fabrication qui occasionnait, selon toute probabilité, la défectueuse qualité de notre produit. Dès lors, si on arrivait à déterminer ce défaut, cette réaction nuisible, il serait sans doute possible d'en reproduire à volonté les conditions en les amplifiant, en les perfectionnant, si je puis dire, une fois qu'on en aurait reconnu la nature.

Mais quelle en était la nature? Je cherchai à recueillir quelques renseignements discrets sur l'usine qui avait produit le carbure analysé par M. Moissan, sur son matériel, ses fours, ses machines, ses procédés de fabrication, afin de les comparer, autant que faire se pouvait, avec les nôtres.

Et voici ce que je constatai :

Tandis que dans les usines Bullier on se servait, pour fabriquer le carbure de calcium, dont il était d'ailleurs l'inventeur, de machines à courant alternatif, nous employions dans nos établissements, des dynamos à courant continu et à basse tension, qui étaient en réalité des machines à électrolyse. Nous avions en effet, lors de l'achat de notre usine, trouvé ces machines tout installées pour servir à la fabrication électrolytique du chlorate de potassium.

Il m'apparut alors, avec une clarté soudaine, que la cause de notre insuccès dans la fabrication du carbure provenait de nos machines qui, remplissant loyalement leurs fonctions, agissaient sur nos bains de fusion pour les électrolyser partiellement. Une fois réalisée dans nos fours la combinaison de la chaux et du charbon, sous l'empire du foyer électrique, l'action électrolysante de nos dynamos à courant continu tendait évidemment à séparer les éléments du carbure, au fur et à mesure de sa formation. Dès lors le carbone, se trouvant en partie libéré, mais maintenu cependant dans le bain par l'effet de l'électrolyse, pouvait vraisemblablement cristalliser sous la forme du diamant, et produire ces petits cristaux identifiés par M. Maumené.

Tel était, selon toute apparence, le « loup de fabrication » qui donnait à la fois l'explication et de la mauvaise qualité de notre carbure, et de la formation connexe du diamant.

Ainsi le hasard m'avait fourni le point de départ. Du raisonnement qui suivit découlait pour moi la conviction que la synthèse du diamant pouvait être recherchée avec succès dans la voie de l'électrolyse des bains fortement carburés, et que, puisqu'elle s'était accidentellement produite dans nos fours, on devait pouvoir la produire méthodiquement.

Il s'agissait de repérer ce « loup de fabrication, » de l'isoler, de le cultiver comme on fait en biologie d'un microbe virulent, de le perfectionner de façon à le reproduire dans les conditions les plus favorables et avec le meilleur rendement.

Mais les circonstances particulières dans lesquelles je me trouvais alors placé ne me permirent pas de poursuivre ce programme. Le fait brutal que notre usine produisait mal entraînait fatalement la responsabilité du Directeur technique, dont les capacités ne tardèrent pas à être mises en suspicion. Parler alors de suivre le filon que je soupçonnais, de lancer la société dans la fabrication du diamant, c'eût été, pour les industriels pratiques et sérieux qui m'entouraient, justifier toutes les insinuations d'incapacité et même de déséquilibre mental ! Je sentis qu'il était inutile d'insister, et peu après je crus devoir abandonner la direction de cette affaire.

Ce n'est que beaucoup plus tard, en 1907, qu'il me fut possible de reprendre l'étude de cette passionnante question.

Mais pendant ces dix années, j'avais eu tout le loisir d'y réfléchir mûrement, d'en envisager toutes les possibilités, de résoudre par avance les objections qui se présentaient à mon esprit. Au milieu des travaux électro-chimiques qui m'occupèrent au cours de cette période, je ne la perdais jamais de vue, c'était une véritable idée fixe, dans laquelle je me complaisais infiniment, et, sans attacher plus d'importance qu'il ne convient aux prédestinations, une sorte d'instinct tenait ma ténacité de Breton constamment tendue vers ce but que je me promettais bien d'atteindre un jour ou l'autre.

J'avais depuis longtemps préparé la rédaction d'un brevet, souvent remanié d'ailleurs, mais que je ne voulais déposer que lorsque les circonstances m'auraient donné l'occasion et le loisir de me consacrer exclusivement au problème qui me tenait tant à cœur.

Le 24 août 1907, je remettais à l'office de brevets Marillier et Robelet le texte suivant, dans lequel je faisais un exposé résumé de ma méthode et je décrivais l'appareil propre à réaliser la synthèse du diamant par électrolyse.

La rédaction de ce brevet, telle que je le conçus alors, avant d'avoir réalisé mes expériences, m'apparaît aujourd'hui entachée d'erreurs et d'inexactitudes de détail, mais le principe même que j'exposais s'est trouvé confirmé et justifié par ces expériences, avec une indéniable justesse. Afin d'éviter toute indiscrétion, ce brevet, d'après les dispositions que permet la loi française, restait secret pendant une année, sa publication officielle ne devant se faire qu'à l'expiration de cette période.

Un procédé électrolytique de reconstitution du diamant

par M. Eugène de BOISMENU

(Brevet n° 4566, du 24 août 1907.)

« Les carbures métalliques provenant de la combinaison du carbone avec les métaux alcalino-terreux et terreux répondent en général à la formule C^2R.

« Si l'on soumet à l'électrolyse un bain de carbure de cette forme, maintenu à l'état liquide, le carbure constituant l'électrolyte sera décomposé, le métal se portant à l'un des pôles, le carbone à l'autre.

« En opérant dans une atmosphère non oxydante, les molécules de carbone mises en liberté viendront se grouper dans la région du bain voisine de l'anode et s'y aggloméreront en formant des cristaux de diamant.

« Si l'on prolonge suffisamment l'opération, les cristaux initiaux se nourriront et prendront un volume croissant, aussi longtemps que le bain sera maintenu en fusion et que se continuera l'action électrolytique.

« Il semble probable que c'est par un phénomène analogue, sinon identique, que s'est formé le diamant que l'on rencontre à l'état cristallisé dans la nature. A une certaine époque du refroidissement de l'enveloppe terrestre, lorsque cette enveloppe s'est trouvée à une température comprise entre 3.000 et 3.500° centigrades, les métaux qui se trouvaient alors à l'état de vapeurs se sont combinés avec le carbone pour former des carbures métalliques, en vertu d'une réaction identique à celle que l'on reproduit aujourd'hui dans les fours électriques pour fabriquer le carbure de calcium par exemple.

« La décomposition des carbures métalliques ainsi formés a mis en liberté les métaux d'une part, le carbone de l'autre; et sous l'empire des actions électrolytiques qui se produisaient au sein de la masse en fusion, le carbone, toutes les fois que les circonstances l'ont mis à l'abri des actions oxydantes, a dû prendre l'une des formes sous lesquelles on le rencontre dans la nature : diamant, graphite ou autre.

« Pour réaliser, par le procédé, objet du présent brevet, la reconstitution du diamant pur, transparent, cristallisé dans le système rhomboédrique, on forme par les procédés connus un bain de carbure métallique, calcium, baryum, strontium, lithium, sodium ou tout autre. On maintient ce bain en fusion liquide pendant plusieurs heures ou plusieurs jours, suivant la grosseur des cristaux de diamant que l'on veut obtenir, en ayant soin de le soustraire à toute oxydation. Pendant toute la durée de l'opération, le bain est soumis à l'action électrolysante d'une dynamo à courant continu qui en sépare les éléments.

« Le carbone mis en liberté se forme en cristaux qui ne sont autre chose que du diamant pur. Quand on veut arrêter l'opération, on diminue d'une façon très lente l'intensité du courant continu. Le carbure se prend alors progressivement en masse cristalline, emprisonnant les cristaux de diamant que l'on retire ensuite avec la plus grande facilité lorsque le carbure est refroidi. De son côté, le métal se porte vers l'autre pôle, ce qui permet d'isoler et de recueillir les métaux : calcium, sodium, etc., qui entrent dans la composition des carbures.

« L'appareil destiné à cette fabrication est ainsi constitué, comme le représente schématiquement la figure unique du dessin annexé :

« A est un caisson en matériaux réfractaires percé en haut et en bas d'ouvertures O, destinées à laisser passer les gaz et les vapeurs dégagés pendant l'opération.

« Ce caisson supérieur A repose sur un caisson inférieur B également en matériaux réfractaires, et qui constitue la chambre dans laquelle s'opèrent les réactions.

« Le caisson B est percé à sa partie supérieure d'une ouverture P, correspondant à celles O du caisson A. Il est percé en outre, sur deux faces latérales, de deux ouvertures I destinées au passage des électrodes E, lesquelles électrodes sont constituées par deux plaques de charbon graphité, et peuvent être rapprochées ou éloignées l'une de l'autre. Elles passent à frottement doux chacune dans un manchon en carton d'amiante qui garnit les parois des ouvertures I.

« Si l'on se propose d'électrolyser du carbure de calcium par exemple, la marche de l'opération est la suivante :

« On forme dans le caisson B une première couche C de charbon de sucre pulvérisé, montant jusqu'à cinq centimètres environ au-dessous de la face inférieure des électrodes E. On engage

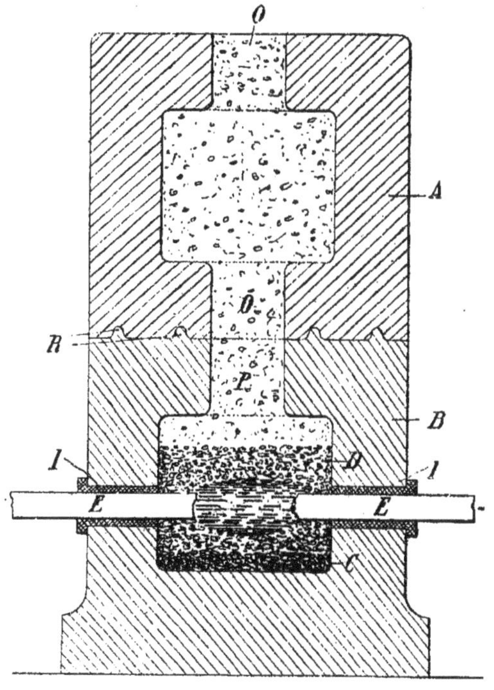

Fig. 1.
Dessin du four annexé au brevet.

ensuite ces électrodes dans les ouvertures I, et on les amène au contact. On verse ensuite dans le caisson B un mélange D de chaux de marbre très pure et de charbon de sucre, dans la proportion de 76 de charbon pour 100 de chaux, ce mélange formant une seconde couche allant jusqu'à 10 centimètres environ au-dessus des électrodes.

« On place ensuite le caisson A sur le caisson B, en l'engageant dans les rainures R pratiquées à cet effet, et l'on achève de remplir la cavité des deux caissons avec de la chaux de marbre finement concassée sans être pourtant pulvérisée.

« Les électrodes E sont alors reliées à une machine dynamo à courant continu. L'arc jaillit entre ces deux électrodes que l'on écarte alors de quelques millimètres.

« L'élaboration du carbure commence dans la région chaude. Dès qu'elle est amorcée, on écarte progressivement les électrodes en augmentant l'intensité du courant et en diminuant le voltage.

« Le bain de carbure sert de conducteur entre les deux pôles : l'arc n'existe plus, mais le bain est maintenu en fusion par l'effet Joule. L'oxygène de l'oxyde de calcium qui entre dans la formation du carbure s'unit aux vapeurs du carbone en excès et s'échappe par les ouvertures P et O sous forme d'oxyde de carbone et d'acide carbonique.

« Au bout de quelque temps, le four ne contient plus que des vapeurs de calcium, et c'est alors cette atmosphère de vapeurs de calcium qui le remplira pendant toute la durée de l'opération.

« Une fois le régime du four bien établi, pour maintenir le bain à l'état liquide, on laisse la dynamo en marche pendant 48 heures environ, en surveillant avec soin son régime, et l'effet d'électrolyse s'opère progressivement. Au fur et à mesure de l'usure des électrodes, on les rapproche pour maintenir toujours le régime constant.

« On arrête l'opération par les moyens indiqués ci-dessus, c'est-à-dire en réduisant très lentement l'intensité du courant. On retire la masse de carbure, on la laisse se déliter à l'air, et l'on recueille les diamants fabriqués.

Résumé :

« 1° Un procédé de reconstitution du diamant pur, transparent, cristallisé, consistant à soumettre à l'action électrolytique prolongée des carbures métalliques quelconques, maintenus liquides par l'action de la chaleur, et maintenus à l'abri des actions oxydantes, cette action électrolytique ayant pour objet de dissocier lesdits carbures, et de permettre au carbone qu'ils contiennent de se porter vers l'un des pôles, de s'y maintenir avant et pendant le refroidissement, et d'y former des cristaux de diamant pur et transparent qui y restent emprisonnés lorsque le carbure se prend en masse solide par l'effet du refroidissement.

« 2° L'emploi, pour former lesdits carbures métalliques, les maintenir à l'état de fusion, et les électrolyser, de machines dynamos à courant continu.

« 3° Un procédé consistant à isoler les métaux entrant dans la composition des carbures métalliques, en soumettant ces carbures, maintenus à l'état de fusion, à l'action électrolysante d'une machine à courant continu.

« 4° Un four électrolyseur à chaud, en matière réfractaire, et disposé pour permettre d'opérer dans une atmosphère non oxydante. »

Un petit groupe d'amis, auxquels je pus faire partager ma conviction et mes espérances, me prêta son appui financier pour l'installation d'un laboratoire suffisamment outillé pour me permettre d'entreprendre la série de mes expériences. J'étais bien loin d'en affirmer le succès, ni surtout de le prévoir aussi rapide.

Je n'insisterai pas sur les démarches aussi nombreuses que pénibles qu'il me fallut accomplir avant d'aboutir à former ce petit groupe d'intrépides. Presque partout mes ouvertures avaient été accueillies avec une surprise un peu ironique, parfois même apitoyée, et l'on m'avait éconduit avec cette politesse hâtive nuancée d'inquiétude que l'on réserve aux gens porteurs d'une idée fixe, s'écartant trop ouvertement de la norme habituelle.

En outre, par une coïncidence bizarre et vraiment fâcheuse, l'arrestation de l'escroc Lemoine éclata soudain, le jour même où venait de se signer, entre mes amis et moi, le contrat d'association.

J'offris, comme c'était mon devoir, de leur rendre leur parole, mais leur confiance ne s'était pas trouvée ébranlée par cet incident, et, loin de me manifester la moindre suspicion, ils insistèrent au contraire pour que mes expériences fussent commencées aussitôt que possible.

Je tiens à leur apporter ici l'hommage de mes remerciements et à reconnaître qu'ils ont largement contribué, par le concours généreux qu'ils me prêtèrent, à la réalisation de la *synthèse du diamant*.

CHAPITRE IV

Installation du Laboratoire.

C'est dans un petit bâtiment, situé au fond d'une cour, 30, rue de Lannois, au cœur même de la populeuse cité de Levallois-Perret, que j'installai mon laboratoire.

Le choix de cet emplacement m'était dicté par deux raisons : la première c'est que le secteur de Levallois pouvait me fournir du courant continu, que je comptais pouvoir utiliser directement dans mon four; la seconde, c'est qu'habitant alors la rue Alfred-de-Vigny, à Paris, j'étais ainsi à proximité de mon champ d'expériences.

En fait, je renonçai presque immédiatement à mon idée d'utiliser directement le courant du secteur. La marche irrégulière que je prévoyais, surtout au début, aurait eu fatalement sur la station centrale une répercussion sensible, qui n'eût pas tardé à m'attirer des ennuis, et probablement la suppression de la fourniture du courant.

Je résolus donc de me servir de ce courant pour actionner un moteur, formant par lui-même un premier amortisseur, qui devait à son tour actionner des dynamos à courant continu. De cette façon, j'évitais tout inconvénient vis-à-vis de la Compagnie d'électricité.

Toutefois le secteur ne consentit à me livrer les 45 kilowatts que je demandais que pendant les heures de jour, craignant, peut-être avec raison, que la marche de mon four pendant la période d'allumage ne vint à causer des perturbations trop sensibles dans l'éclairage public et privé. Cette restriction, qui ne me laissait qu'une durée maximum de 12 à 14 heures pour chaque expérience, m'apparaissait assez fâcheuse, mais je dus la subir.

Le rez-de-chaussée dans lequel je m'installai était assez déla-

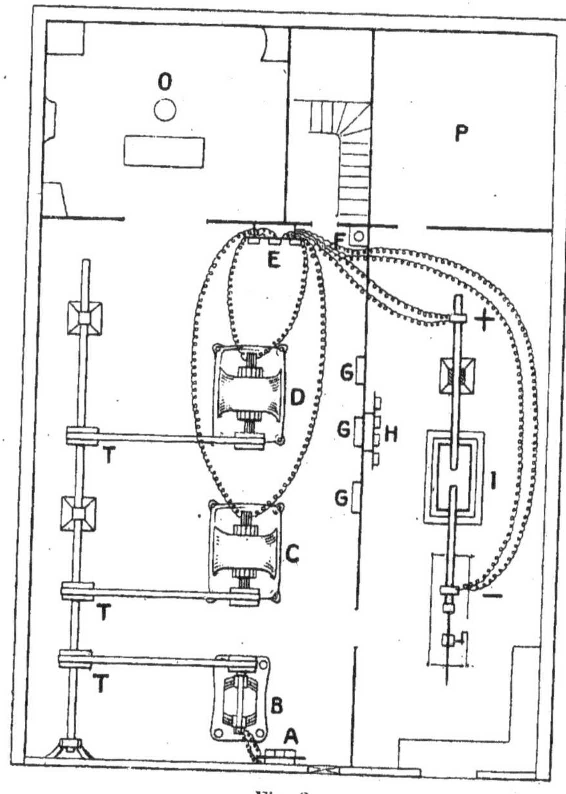

Fig. 2.

Plan de l'installation.

A. — Arrivée du courant.
B. — Moteur de 45 kw.
C-D. — Dynamos.
E. — Tableau de distribution.
F. — Rhéostat de démarrage.
G. — Rhéostats d'excitation.
H. — Appareils de mesure.
I. — Four électrique.
O. — Bureau.
P. — Magasin.
T. — Transmissions.

bré. Il a d'ailleurs été démoli depuis pour faire place à une maison de rapport. Je dus procéder à un solide étayage pour donner au plancher la force de supporter le poids de mes machines, ainsi que le massif du four. Malgré cette précaution, lorsque je procédai à l'essai de l'installation, les machines tournaient à peine depuis quelques instants, quand un fragment de cheminée, ébranlé par les trépidations, se détacha d'un pignon voisin et, traversant un vitrage, vint s'abîmer avec fracas dans le four même sans causer, heureusement, d'autre accident qu'un peu d'émoi et un léger dégât matériel.

Machines.

L'installation électrique comprenait trois machines principales :

— Un moteur à courant continu, système Schneider, du Creusot, marchant au régime de 220 volts, actionné par le courant du secteur, et susceptible de développer une puissance de 50 kilowatts en régime normal.

— Deux dynamos identiques à courant continu, système Walcker, recevant leur mouvement du moteur, par l'intermédiaire d'une transmission avec courroies, susceptibles de débiter chacune 800 à 1.200 ampères, sous une tension pouvant varier de 15 à 40 volts.

Un rhéostat de démarrage, des rhéostats d'excitation et un tableau portant les appareils de sécurité et de mesure complétaient cette installation au moyen de laquelle je pouvais envoyer dans mon four 45 à 50 kilowatts.

Je me proposais d'adopter, pour le début, un régime d'essai de 800 à 1.000 ampères sous 20 à 25 volts, qui, d'après mes calculs, devait s'accorder dans de bonnes conditions, avec les dimensions de mon four et la section des électrodes.

Four.

Pour constituer le four, je construisis simplement une auge rectangulaire de 75 centimètres de longueur sur 50 centimètres de largeur et 50 centimètres de profondeur, reposant sur un massif en maçonnerie de briques de 70 centimètres de hauteur.

Des plaques réfractaires fournies par la maison Janin et Guérineau, de Paris, en formaient les parois.

Je formai la sole au moyen de deux couches de briques réfractaires posées à plat, et surmontées elles-mêmes d'un jeu de pièces réfractaires taillées en biseau de façon à pouvoir dessiner un lit de fusion en forme de V très ouvert.

Les parois étaient protégées par des briques réfractaires

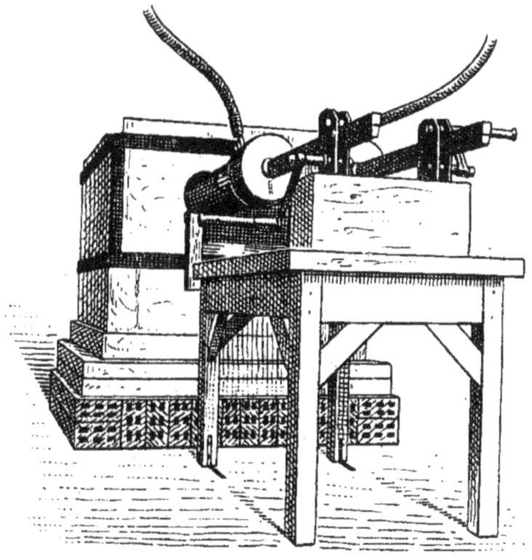

Fig. 3.
Vue du four à 4 électrodes.

mobiles que l'on plaçait de champ à chaque opération, avant de remplir le four, et que l'on jetait ensuite si la chaleur les avait atteintes ou détériorées au cours de l'expérience.

Entre la paroi et ces briques, je laissais un intervalle de 1 centimètre que je remplissais de chaux en poudre non tassée.

Grâce à ce dispositif, on pouvait séjourner près du four, et même tenir la main au contact des parois sans aucun inconvénient. Deux fois seulement, au cours de mes expériences, des ruisseaux dérivés de carbure en fusion atteignirent ces parois et m'obligèrent à les changer.

Les deux petits côtés du four étaient percés de trous pour le passage des électrodes.

Au début de mes essais, et sur la foi d'un auteur dont j'avais, plusieurs années auparavant, apprécié les ouvrages sur le four électrique, j'eus l'idée d'employer deux paires d'électrodes afin d'obtenir deux foyers voisins qui, après un certain temps, devaient se réunir pour n'en former qu'un seul.

Je pris donc quatre électrodes de charbon graphité de 120 millim. de diamètre et de 1 m. 50 de longueur, et je les couplai par deux.

Les électrodes positives, anodes, étaient fixes, et engagées

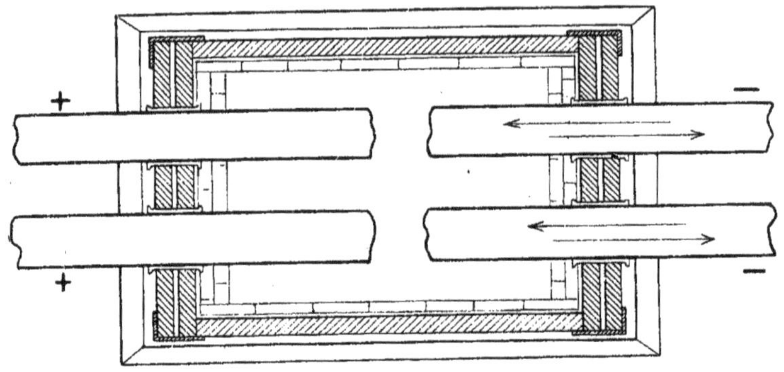

Fig. 4.
Vue en plan du four à 4 électrodes.

de 20 centimètres à l'intérieur du four. Les deux cathodes étaient au contraire mobiles, et pouvaient recevoir, au moyen d'un mécanisme mû à la main, un mouvement lent d'avancement ou de recul dans le four. Un intervalle de 80 millimètres séparait les charbons de chaque groupe.

L'ensemble du dispositif pouvait, sans échauffement anormal, donner passage à 1.200 ampères.

Après une série de six expériences, peu satisfait de cette disposition à quatre charbons, dont la conduite était difficile et irrégulière, je remplaçai mes quatre électrodes de 120 millimètres par deux électrodes de 165 millimètres, et j'obtins ainsi un foyer plus facile à régler, mieux concentré, et d'un fonctionnement beaucoup plus souple.

La principale difficulté à vaincre dans l'établissement de mon four, était de constituer un berceau de fusion permettant au carbure de calcium, dont je formais mon électrolyte, de prendre et de conserver la forme d'un bain fondu, aussi concentré que possible, et de le maintenir sous cette forme.

Il fallait le contenir, l'empêcher de se répandre irrégulièrement dans le four, de s'étaler sous la forme d'une nappe plus ou moins large, de s'infiltrer en véritables filons à travers le garnissage. Il importait surtout de lui maintenir une section aussi réduite que possible, la fusion de ce bain de carbure devant être produite et entretenue par l'effet Joule, c'est-à-dire par la

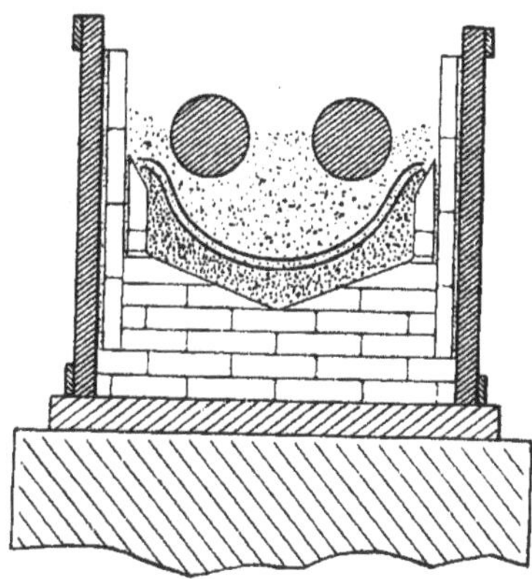

Fig. 5.
Coupe du four à 4 électrodes, suivant le petit axe.

chaleur développée par la résistance du bain au passage du courant.

Or toutes les matières réfractaires connues, y compris les briques de chaux et demagnésie, ne peuvent supporter sans se fondre le contact du carbure maintenu en fusion. Il fallait à tout prix trouver un garnissage protecteur efficace, et voici comment j'y parvins :

Sur les briques réfractaires formant la sole du four je disposai les pièces réfractaires taillées en biseau dont j'ai parlé plus haut, puis, dans le canal ainsi formé, je tassai fortement un mélange de 80 °/₀ de chaux en poudre, et 20 °/₀ de poudre de charbon de cornue. Sur cette première couche, je disposai un double carton d'amiante épousant la forme de ce canal, et qui, dans ma pensée, devait servir à évacuer facilement le contenu du four sans avoir à craindre la perte d'une partie des résidus à examiner.

Un nouveau lit de mélange, formé de 90 °/₀ de chaux vive en poudre et 10 °/₀ de charbon pulvérisé, recouvrait ce premier lit, et s'élevait dans le four jusqu'aux deux tiers du diamètre des électrodes.

Ce charbon en poudre n'était ajouté dans le mélange que pour lui donner de la consistance, la chaux vive en poudre bien sèche étant d'un tassement presque impossible pratiquement.

L'ensemble de ces deux couches de mélange formait pour le fond et les parois un garnissage protecteur dont l'expérience me démontra l'efficacité; mais cependant cette efficacité était loin d'être absolue. Malgré tous les soins apportés au tassement du mélange et au chargement du four, le bain de carbure, après un certain temps de marche, avait une tendance à rompre ses digues peu consistantes; il s'étalait en largeur, s'allongeait sous les électrodes, s'infiltrait dans la masse du mélange. Dès lors le régime de marche devenait tout à fait irrégulier. Certaines parties du bain échappant à l'effet Joule, se solidifiaient rapidement, tandis que le courant suivait à travers l'électrolyte des directions imprévues, subissait des variations d'intensité considérables, rendant l'opération presque impossible.

Il aurait fallu, de toute évidence, pouvoir concentrer le bain en fusion, lui maintenir une section à peu près semi-cylindrique ne dépassant pas sensiblement celle des électrodes.

Je ne pouvais songer à utiliser une gouttière en charbon, qui aurait offert au courant un passage plus facile que le bain lui-même, et supprimé l'échauffement par résistance qui m'était nécessaire.

C'est au carbure de calcium lui-même que je demandai le moyen de me sortir d'embarras.

Par une opération préliminaire de courte durée, je parvins à obtenir une véritable gouttière de carbure de calcium fondu et solidifié, épousant, avec une régularité suffisante, la forme des électrodes, et dès ce moment je pus conduire mes expériences d'une façon plus méthodique, et obtenir un régime de marche assez constant pour réaliser les effets que je cherchais.

On verra plus loin que si cette gouttière de carbure me rendit possible la conduite de mes expériences, elle n'avait pas cependant l'importance que je lui attribuais, puisque la région de cristallisation, que je pus déterminer par la suite avec précision, se trouvait assez éloignée de ses bords.

CHAPITRE V

Conduite des expériences.

1re série : *Expériences avec 4 charbons électrodes.*

2e série : *Expériences avec 2 charbons électrodes.*

L'installation de mon laboratoire fut terminée vers le milieu du mois de mars 1908, et je procédai aussitôt aux essais séparés des divers organes.

Quand tout me parut en règle je garnis mon four avec soin, au moyen d'un mélange bien tassé de chaux et de charbon, et le 23 mars je fis un premier essai de marche, avec deux paires d'électrodes.

Les maçonneries du four ainsi que le mélange de chaux et charbon étaient encore insuffisamment secs, les charbons euxmêmes conservaient de l'humidité, aussi l'allumage se fit-il assez péniblement, et j'essayai en vain d'obtenir un régime de marche ayant quelque apparence de régularité. Les deux couples de charbon s'allumaient et s'éteignaient alternativement, sans cause apparente, et sans qu'il me fut possible, par la manœuvre du mécanisme d'avancement, de régler leur régime.

Je pus cependant faire fondre entre les pôles 100 grammes de carbure en petits morceaux, qui formèrent sur le garnissage deux petites nappes de fusion. Je constatai une certaine stabilité dans le voltage, qui se tenait entre 35 et 40, mais par contre l'intensité accusait de brusques variations, sautant de 200 à 1.600 ampères. Les courroies de transmission, soumises à ces variations de travail, patinaient sur leurs poulies, les machines fatiguaient visiblement, si bien qu'après une heure et demie de cette marche confuse et incohérente, j'arrêtai l'opération.

La seule observation que j'en recueillis fut la difficulté de maintenir au bain de carbure, même très réduit, une forme favorable.

Je retirai alors du four le carbure de calcium que j'y avais introduit, et qui s'était fondu puis solidifié. Je ne pouvais m'attendre à un résultat quelconque, aussi, après avoir sommairement examiné les galettes de carbure qui s'étaient formées, et qui n'offraient en apparence aucun caractère particulier, je les mis à dissoudre dans l'eau, me proposant de reprendre plus tard l'examen de ces résidus.

Le lendemain, 24 mars, j'entrepris une opération plus méthodique, et je cherchai à obtenir une plus grande régularité de régime, en introduisant le carbure dans le four, par doses régulières d'environ 30 grammes, espacées de 10 en 10 minutes. Je me servis de carbure concassé en fragments de 1 à 1 centimètre 1/2 ce qui rendait la fusion facile, sans qu'elle fût trop rapide.

L'un des deux couples de charbon s'alluma franchement, tandis que l'autre s'allumait et s'éteignait par intermittences. La double manœuvre des deux couples restait d'ailleurs fort difficile à régler.

Comme la veille, la marche du four très irrégulière, avec des sauts brusques de 300 à 1.500 ampères, se poursuivait confusément, lorsqu'une des machines commença à chauffer d'une façon anormale.

Alors j'arrêtai l'expérience, qui avait duré un peu plus de 2 heures, et après avoir recouvert le four avec une tôle, je laissai le refroidissement se faire pendant la nuit, sans rien déranger au dispositif.

Le 25 mars, dans la matinée, je recueillis la masse du carbure qui avait été traité la veille. Elle présentait la forme d'une sorte de pain un peu aplati au centre et légèrement renflé aux deux extrémités, qui avaient été en contact avec les charbons. J'observai qu'en faisant dissoudre ce carbure dans l'eau, après l'avoir fragmenté, les morceaux de la région négative du bloc agissaient sur l'eau d'une façon beaucoup moins énergique que ceux de la région positive, comme s'ils avaient subi un commencement de décomposition. Il me sembla retrouver tout au moins l'indice du phénomène observé dans mon usine de Savoie, c'est-à-dire cette décomposition du carbure qui formait la base même de mon procédé et le but que je m'efforçais d'atteindre.

Cependant, une fois les résidus lavés, décantés et séchés, je n'y découvris pas la moindre trace de cristallisation apparente à l'œil nu; et je les plaçai, ainsi que ceux de l'opération du 23, dans des bocaux étiquetés et datés.

Ces opérations terminées, je rechargeai le four avec un garnissage neuf, en reproduisant les mêmes dispositifs que pour la première expérience, puis je procédai à une marche à blanc de deux heures, sans carbure, dans le but de sécher ce nouveau garnissage, et de préparer pour le lendemain une opération méthodique et de plus longue durée.

D'après l'idée que je m'étais faite à l'avance des conditions dans lesquelles la synthèse pourrait s'opérer dans mon four, j'inclinais à croire que la région de cristallisation éventuelle devait se trouver en dehors et à une certaine distance du foyer, la chaleur développée entre les têtes des charbons étant beaucoup trop violente pour que le diamant, s'il venait à s'y former, pût s'y maintenir sans être aussitôt réduit en vapeurs.

D'autre part le chiffre de 800°, qui marque approximativement le point où le diamant brûle dans l'oxygène, m'apparaissait trop bas, étant donné que le four, au bout de quelque temps de marche, ne devait plus contenir que très peu d'oxygène libre, dilué dans la masse neutre des vapeurs de calcium.

Je pensais, sans d'ailleurs en être autrement convaincu, n'ayant aucune preuve et aucun indice à cet égard, que la cristallisation pouvait, dans une atmosphère neutre, se faire entre 12 et 1500°, et qu'il convenait de ménager dans le four des régions de cristallisation à cette température.

Dans ce but, je fis pratiquer, dans les têtes des charbons, et suivant leur axe, des cavités cylindriques de 1 centimètre de diamètre et de 12 centimètres de profondeur, que je remplis de carbure finement concassé. Peut-être, à cette distance du foyer, me rapprocherais-je des températures que j'estimais favorables.

Ces dispositions prises, ayant établi au centre du foyer, avec des fragments de carbure de moyenne grosseur, une sorte de maçonnerie sèche destinée dans ma pensée à servir de soutien au lit de fusion, et à l'empêcher de déborder dans tous les sens, le jeudi 26 mars, je recommençai l'expérience.

Un régime assez régulier s'établit au bout d'une demi-heure environ. Les deux foyers, qui s'étaient bien formés au début, finirent par se rejoindre pour n'en former qu'un seul. L'ampéremètre se maintenait aux environs de 1.200, tandis que le voltmètre oscillait entre 30 et 35. Mais bientôt l'intensité tomba peu à peu pour s'arrêter entre 6 et 700. J'avais à ce moment introduit au foyer environ 1.200 grammes de matière à traiter, sous forme de carbure concassé de la grosseur dite noisette, et je m'apercevais qu'en dépit de mes précautions, le bain commençait à s'étendre et à se figer sur les bords. Bien que beaucoup plus régulière que les précédentes, cette quatrième expérience se poursuivait à une température manifestement trop basse, la section de chauffe étant beaucoup trop grande pour l'intensité.

Dans ces conditions, je ne crus pas devoir continuer l'opération, et je l'arrêtai après trois heures de marche.

Le lendemain, je sortis du four la masse traitée pour l'examiner. Elle ressemblait à du carbure de très belle qualité, et n'offrait pas cette apparence de décomposition partielle que j'avais cru reconnaître dans les résidus de l'opération précédente.

Ainsi l'expérience avait été beaucoup mieux conduite, plus

prolongée, plus régulière, et les résultats s'en montraient inférieurs. C'était anormal et peu encourageant!

Je lavai et traitai néanmoins les résidus avec soin, mais une fois les poudres séchées, je ne pus découvrir aucune trace de cristallisation. Par contre, je trouvai une certaine quantité de petites boules métalliques, formées d'une substance à cassure lamellaire argentée, rappelant un peu la fonte blanche. Je les mis de côté pour les analyser plus tard.

Le 27 et le 28 mars, je procédai à deux nouvelles expériences, sans rien changer aux dispositifs intérieurs du four, et en ayant toujours soin de remplir de carbure finement concassé les cavités que j'avais fait pratiquer dans les têtes des électrodes.

Le réglage, dans ces deux essais, fut pratiquement impossible à obtenir, et la marche d'une extrême irrégularité, avec de continuels soubresauts d'intensité, de grande amplitude, qui, à plusieurs reprises, m'inquiétèrent pour les machines. Et cependant j'apportais une attention extrême à la manœuvre des électrodes, sans parvenir à faire fonctionner les deux couples à l'unisson.

Je ne prolongeai pas ces deux opérations manifestement mauvaises, dont la première dura 3 heures, la seconde 2 heures et demie seulement.

Par acquit de conscience, je recueillis néanmoins les résidus, et je les traitai avec le même soin, sans grand espoir d'ailleurs d'y découvrir la justification de mes théories et la réalisation de mes espérances.

Quant aux fragments de carbure que j'avais logés dans les têtes d'électrodes, je les recueillis, intacts presque tous, n'ayant pas subi, pour la plupart, le moindre commencement de fusion.

Ces six expériences préliminaires, dont le résultat était pratiquement nul, m'avaient du moins permis de faire certaines observations dont il fallait tirer profit.

D'abord, le dispositif à quatre charbons formant deux foyers distincts était à supprimer, et à remplacer par un foyer unique.

Ensuite, la capacité intérieure du four était trop grande. Si soigneusement tassé que fût le garnissage, la masse du carbure fondu s'y formait un lit dont la grandeur augmentait rapidement.

En réduisant cette capacité au moyen de briques réfractaires facilement amovibles, je pourrais certainement arriver à concentrer la chaleur, et à maîtriser l'épanchement du bain de carbure, dont la section pourrait alors se maintenir plus régulière.

Toute l'installation prendrait ainsi un jeu plus franc, les variations d'intensité seraient réduites, et la masse de carbure se conserverait sous la forme franchement liquide, condition essentielle pour la réussite de l'expérience.

Je formai donc, au moyen de briques réfractaires de 6 centimètres d'épaisseur, posées de champ, une fausse paroi intérieure, ce qui réduisait de 12 centimètres la largeur de mon four.

Puis j'enlevai le dispositif des quatre charbons pour le remplacer par deux électrodes de 165 millimètres de diamètre sur 1 m. 50 de longueur, l'électrode positive étant fixe, tandis que l'électrode négative était reliée au mécanisme d'avancement.

Le 7 avril, l'installation de mes nouvelles électrodes étant terminée, et les dispositions intérieures du four ayant été modifiées comme je viens de le dire, je fis une opération préliminaire pour obtenir la gouttière de carbure qui devait former le creuset. Elle réussit fort bien. J'obtins un superbe morceau de carbure fondu, d'une forme à peu près semi-cylindrique, ayant 32 centimètres de longueur sur 4 centimètres d'épaisseur moyenne, et environ 20 centimètres d'ouverture.

J'avais ainsi mon creuset. Il était même recouvert extérieurement d'une couche adhérente de chaux qui avait subi un commencement de fusion, puis s'était cristallisée et durcie, enveloppant ainsi le creuset d'une coque protectrice et isolante.

Cela me semblait favorable à souhait.

Le lendemain, 8 avril, je commençai donc une opération, avec l'espoir de la conduire régulièrement pendant quatre ou cinq heures.

Pendant la première heure, la marche fut assez mouvementée. Elle s'affermit à la seconde heure, et un régime de 800 ampères sous 35 volts s'établit. Mais il ne tarda pas à se déranger.

L'intensité augmenta, lentement d'abord, puis plus vite, et bientôt les appareils de mesure enregistrèrent 2.000 ampères sous 32 volts. C'était excessif, et à ce régime les électrodes et les machines prenaient un échauffement inquiétant.

En vain je tentai, au moyen des rhéostats, de réduire l'excitation au minimum, leur fonctionnement défectueux ne me le permit pas.

Alors, craignant pour mes machines, j'arrêtai l'opération après 2 heures et demie de marche.

Une fois de plus, l'expérience était manquée.

Dans la soirée, je fis changer les rhéostats d'excitation qui furent remplacés par des appareils à la fois plus puissants et plus sensibles, puis le lendemain 9 avril, je préparai le four comme je l'avais fait la veille et je remis en route. Je dosai le chargement par petites pelletées de 50 grammes de carbure granulé, espacées de 10 en 10 minutes.

Mais les mêmes phénomènes de marche irrégulière se produisirent, de la même façon et dans le même ordre que le 8, et je fus encore contraint de stopper après 2 heures de marche.

D'où provenaient ces défectuosités? Pourquoi cette irrégularité de régime? — Pourquoi cette augmentation anormale d'intensité? Je n'arrivais pas à le définir.

Le 10 avril, dans la matinée, je reformai dans mon four une mince gouttière de carbure, puis j'arrêtai au bout d'une demiheure cette opération préliminaire en laissant tout en place dans le four.

L'après-midi, je remis en marche sans rien déranger, mais en ayant soin de modérer le chargement, et de ne le faire que par petites doses de 15 à 20 grammes à la fois.

L'opération s'annonça mieux. La marche prit une allure assez régulière, et le régime s'établit, avec une certaine stabilité entre 600 et 700 ampères sous 40 volts. Le bain de fusion semblait s'être bien formé, mais pour maintenir le régime et empêcher le four de se dérégler comme il en manifestait constamment la tendance, je devais manœuvrer incessamment les charbons, si bien qu'au bout de 3 heures de marche ils étaient écartés l'un de l'autre de 28 centimètres.

A ce moment j'arrêtai l'opération, je recouvris le four d'une feuille de tôle et je laissai le tout se refroidir.

Le 11 avril, je retirai dans la matinée la masse fondue pour l'examiner.

Elle présentait, au premier examen, certains caractères parculiers. Il n'y avait pas à en douter, cette fois la décomposition du carbure au pôle négatif s'accusait franchement. Les fragments que j'en détachai n'avaient plus ni l'aspect, ni la consistance, ni l'odeur, ni même la couleur du carbure de calcium. Projetés dans l'eau, c'est à peine s'ils produisaient quelques bulles de gaz acétylène.

Cependant cette masse dissoute, lavée et séchée, ne me révéla à l'œil nu aucune cristallisation apparente, et je commençai à concevoir des doutes d'autant plus sérieux sur la réalité de ma conception, que la décomposition du carbure semblait plus nettement s'être produite.

Peut-être devais-je attribuer l'échec de la synthèse à ce que l'opération avait été trop courte. Il fallait évidemment en prolonger la durée.

Je rechargeai donc mon four avec soin, et, après avoir, comme à l'ordinaire, déterminé la formation de ma gouttière-creuset en carbure fondu, je remis en route à 1 h. 1/2 de l'après-midi.

Tout marcha bien au début. Le four se mit peu à peu en régime, et pendant les deux premières heures, fonctionna entre 800 et 1.000 ampères, sous 35 à 40 volts.

L'alimentation se fit par petites charges de 30 à 40 grammes en carbure granulé de la grosseur moyenne des grains de sarrazin.

J'en introduisis ainsi environ 3 kilos, par petites doses espacées de 10 en 10 minutes.

A la troisième heure de marche, tout paraissait fonctionner à merveille. L'intensité n'offrait que de faibles oscillations, entre 800 et 900 ampères, tandis que le voltage se maintenait entre 38 et 40.

Je n'osais guère diminuer l'excitation, dans la crainte de déranger subitement un régime qui se rapprochait sensiblement de celui que je m'étais proposé d'obtenir lorsque j'avais étudié à l'avance les meilleures conditions à réaliser pour la réussite. Cependant j'aurais voulu ramener la tension au

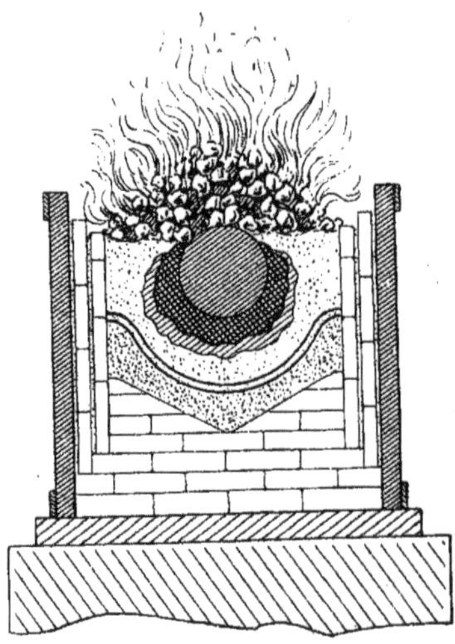

Fig. 6.
Four en action avec dispositif de fourneau.

dessous de 30 volts, pensant que les effets d'électrolyse se produiraient mieux aux très basses tensions.

Vers le milieu de la 4e heure de marche, la distance entre les charbons atteignait 20 centimètres. Estimant qu'en somme tout allait bien, je me proposai de laisser le four dormir à ce régime pendant 5 ou 6 heures sans toucher aux charbons.

Je disposai alors au-dessus du foyer un tas de morceaux de carbure assez gros, formant une sorte de fourneau sous lequel la chaleur devait se trouver bien concentrée (fig. 6).

Mais soudain les machines s'arrêtèrent. Le secteur venait de couper le courant, à la suite d'une avarie de machine survenue à la station centrale. Je dus alors, en maugréant, renoncer à poursuivre cette opération qui, jusque-là, avait parfaitement marché pendant 4 heures.

Le lendemain, de bonne heure, je vide le four, et je procède à l'examen et au lavage de la masse traitée.

La décomposition du carbure au pôle négatif C est encore plus accusée que la veille; le bain de fusion paraît avoir pris une consistance plus limpide et s'être maintenu dans cet état pendant la plus grande partie de l'expérience.

Au centre du bloc de carbure fondu, dans la région com-

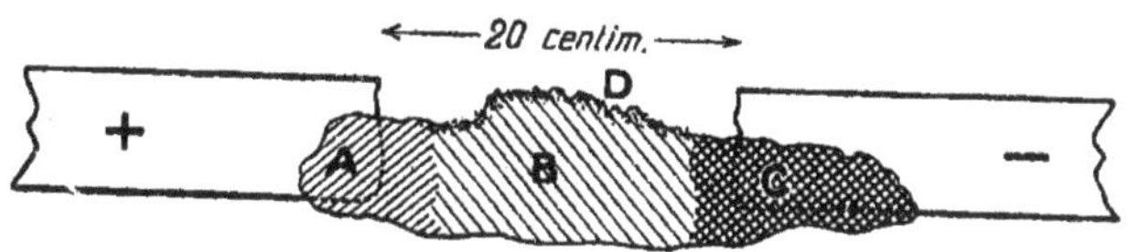

Fig. 7.
Bloc de carbure du 11 avril.

A. — Carbure enrichi.
B. — Carbure ordinaire.
C. — Carbure décomposé.
D. — Traces d'ébullition.

prise entre les charbons, il présente une apparence dénonçant nettement des traces d'ébullition D.

Je sépare ce bloc en trois parties correspondant aux trois régions : négative, centrale et positive, et je les traite séparément.

Dans la région positive A, le carbure est dur, compact, bien cristallisé. Au centre B, il a conservé sa composition normale, et ressemble à celui que j'ai introduit dans le four.

Mais dans la région négative C, il est franchement décomposé.

Il m'apparaît avec évidence que je suis dans la bonne voie, que je me rapproche de plus en plus de ce fameux « loup de fabrication » qu'il s'agit de reproduire, car c'est de lui que j'attends la réussite de ma synthèse.

En outre, je sens que je deviens plus maître de mon four. Les tâtonnements des premières expériences m'ont familiarisé avec lui, je connais ses caprices, ses lubies, et je commence à saisir les moyens d'y remédier. En un mot je sens que je puis conduire mes expériences d'une main plus sûre, et en régulariser la marche. Cette assurance jointe aux intéressants résultats de mon dernier essai raffermissent ma confiance, un moment ébranlée.

Je vide donc mon four, et j'examine les résidus de l'opération tronquée du 11. Rien encore, les poudres séchées et fouillées avec le plus grand soin ne contiennent pas le plus petit cristal, pas la moindre trace de ce diamant que je prétends pouvoir obtenir. Il faut croire que cette fois encore, l'opération n'a pas assez duré.

Alors je regarnis de nouveau le four, avec de minutieuses précautions, me proposant, si rien ne vient entraver la marche de l'expérience, de la poursuivre pendant 6 heures au moins.

CHAPITRE VI

Réalisation de la synthèse. Diamants recueillis dans les résidus de l'opération du 13 Avril 1908.

C'est en traitant les résidus de l'opération exécutée le 13 avril 1908 que je trouvai pour la première fois des cristaux de diamant.

J'insisterai donc sur les détails de cette expérience en reproduisant aussi fidèlement que possible les différentes phases de l'opération, d'après le registre des essais sur lequel je notais heure par heure les incidents, les observations et le régime de marche.

L'opération du 11 m'ayant permis de détacher du bloc un fragment de carbure fondu formant un berceau bien dessiné, ce creuset naturel est utilisé pour former le fond réfractaire destiné à recevoir et à contenir le bain de carbure.

Je le dispose donc sous les têtes des électrodes, puis, tout étant bien vérifié et mis au point, j'envoie le courant à 11 heures du matin.

A 11 h. 1/2, les têtes des charbons sont franchement allumées sur toute leur surface.

Je les écarte de 2 centimètres, et je remplis l'intervalle avec du carbure concassé de la grosseur dite « tête de moineau. »

Le régime est bon. L'ampéremètre marque 1000, tandis que le voltmètre oscille aux environs de 30.

Midi. — Le bain s'amorce bien. J'ajoute peu à peu du carbure, par très petites doses, et j'augmente très lentement l'écartement des électrodes.

Midi 1/4. — Rien de changé dans l'intensité et le voltage, qui n'accusent que de très faibles oscillations. L'opération se poursuit avec une régularité parfaite. D'ailleurs je ne quitte guère la poignée du mécanisme de manœuvre des charbons que pour introduire dans le four, toutes les dix minutes, une petite charge de carbure.

Midi 1/2. — Les charbons ont été progressivement écartés jusqu'à 7 centimètres. Le bain de carbure fondu qui les relie paraît être bien contenu par son creuset.

1 heure. — Je continue le chargement en augmentant un peu les doses de carbure, et en m'attachant à maintenir le régime par un écartement progressif, mais très lent, des électrodes.

1 h. 1/2. — L'écartement des charbons a été peu à peu amené à 20 centimètres. A ce moment tout l'espace intermédiaire est rempli de carbure concassé, lequel déborde légèrement les têtes des électrodes.

Quelques symptômes d'échauffement se produisant dans le corps de l'électrode négative, au voisinage des parois du four, je constate qu'un foyer dérivé existe sous cette électrode. Je l'aveugle avec de la chaux vive bien tassée.

2 heures. — L'intensité baisse lentement. Elle oscille entre 800 et 750, et arrive bientôt à 700, le voltage se maintenant bien fixe à 34/35. En agissant sur le charbon négatif, que je fais avancer de quelques millimètres, je rétablis l'ampérage entre 800 et 850.

3 heures. — De 2 heures à 3 heures, le four a marché avec une remarquable régularité au régime de 800 ampères sous 33/34 volts.

La masse à traiter étant suffisante, j'arrête l'alimentation en carbure, que j'avais d'ailleurs ralentie en espaçant les charges de 20 en 20 minutes. Il y a environ 3 kilogr. 500 de carbure en traitement.

Je constitue alors un fourneau en recouvrant tout le foyer d'un tas de carbure, en morceaux assez gros, sous lequel le bain de fusion continue à « mijoter. » Je répands sur ce fourneau un mélange de chaux et de charbon, en proportions égales, pour en boucher les interstices. Puis je recouvre le four de deux larges plaques réfractaires.

A la suite de ces dispositions, l'intensité monte rapidement. En quelques minutes elle atteint 1.500, commençant à m'inspirer quelques inquiétudes, mais heureusement elle ne se maintient pas longtemps à ce chiffre anormal, et retombe bientôt à 800 pour s'y tenir.

4 heures. — L'opération continue à se poursuivre avec régularité : Ampères : 800, volts : 35.

4 h. 1/2. — L'intensité remonte de nouveau à 1.200, puis 1.500, avec une tendance à s'élever encore; alors, bien qu'à regret, je me décide à agir sur les charbons que j'écarte progressivement jusqu'à 24 centimètres, ce qui ramène le régime à son cours normal de 800 ampères sous 35 volts.

4 h. 3/4. — Le charbon négatif est immobilisé par du carbure qui s'est durci et qui l'emprisonne. Le mécanisme de manœuvre ne peut plus fonctionner. L'intensité remonte à 900-950-1000. J'élève momentanément le voltage pour obtenir la fusion du carbure qui immobilise la cathode.

Toutefois, craignant que ces manœuvres et ces secousses ne compromettent le résultat de l'opération dont la marche a été remarquablement bonne jusque-là, j'arrête l'expérience à 5 heures, après une marche ininterrompue de 6 heures.

Les charbons sont alors écartés de 27 centim. Je laisse le four, couvert de plaques réfractaires, se refroidir lentement pendant la nuit.

Le mardi 14 avril, dans la matinée, le four est encore trop chaud pour que je puisse en extraire le bain solidifié, et je dois attendre l'après-midi pour en faire l'examen.

La masse de carbure fondu a pris la forme ci-après (Fig. 8).

Le bain a subi une fusion très franche mais je ne relève pas, comme dans une opération précédente, de signes d'ébullition.

La partie du bloc C située au voisinage du charbon négatif n'a plus en quoi que ce soit l'apparence du carbure de calcium. C'est une sorte de scorie noire, légère, friable, à structure spongieuse. Je la détache avec soin pour l'examiner à la loupe avant de la traiter par l'eau et les acides.

La différence profonde entre cette partie négative et le reste du bloc ressort d'une manière frappante. Dans la région positive, et à en juger par la seule apparence, le carbure paraît

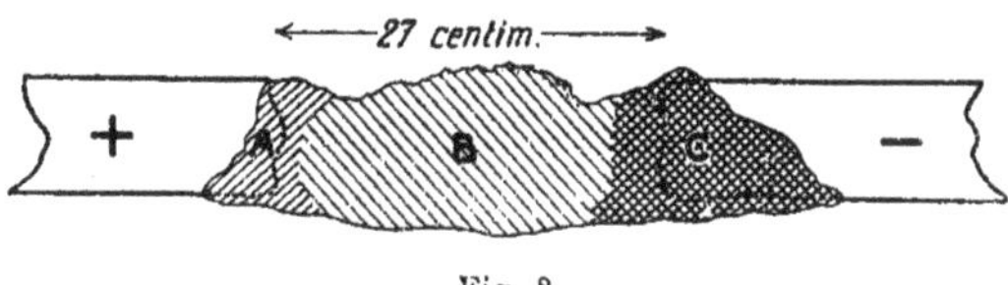

Fig. 8.
Bloc du 13 avril.

A. — Carbure enrichi.
B. — Carbure non décomposé.
C. — Carbure décomposé.

s'être enrichi ; il est plus beau, mieux cristallisé que celui qui a servi à charger le four.

Dans la scorie qui forme la région négative, au contraire, il ne reste pour ainsi dire que du charbon, au sein duquel on aperçoit de nombreuses parcelles à aspect métallique, qui sont de petites pellicules de graphite ou de plombagine.

En examinant avec beaucoup d'attention à la loupe cette scorie provenant de la décomposition du carbure, il me semble apercevoir des points brillants qui seraient peut-être des cristaux? A un moment, je crois même avoir saisi un reflet irisé, ce qui produit chez moi une légère émotion ; mais pendant plus d'une demi-heure, je m'obstine à rechercher ce reflet, sans pouvoir y parvenir.

Je prends cette scorie, dont le poids atteint 6 à 700 grammes, et je la mets à déliter dans un récipient plein d'eau. C'est à peine si quelques petites bulles apparaissent à la surface. Il n'y a pas de décomposition sensible. C'est un peu comme si j'avais plongé dans l'eau un morceau de coke.

Je mets également à déliter, dans deux autres récipients, la partie centrale et la partie positive du bloc, qui, aussitôt plongées dans l'eau, donnent lieu à un vif bouillonnement, avec dégagement abondant d'acétylène, comme le meilleur carbure de calcium.

Comme il faut plusieurs heures pour permettre à la masse décomposée de se déliter complètement, je ne pourrai en continuer le traitement et en examiner le résultat que le lendemain.

Je quitte alors mon laboratoire et je reviens chez moi, assez perplexe, balancé entre l'espoir d'avoir réussi et la crainte de constater un nouvel échec. Assurément mon carbure a été décomposé d'une façon aussi complète que je pouvais le souhaiter, mais cette décomposition entraîne-elle forcément la formation du diamant? — Au moment de réussir, je me sentais envahi par le doute, et mille objections que je n'avais pas aperçues, ou que j'avais simplement écartées au cours de mes premiers essais, surgissaient en foule dans mon esprit.

Je reprends ici la copie des notes relevées sur mon registre d'expériences.

Le 15 avril, au matin, je procède à l'examen minutieux des résidus négatifs. Pendant la nuit, ils se sont désagrégés dans l'eau, et forment une boue gris noir que je décante avec précaution, et que je fais sécher à feu doux sur une lampe à alcool.

Immédiatement mon attention se trouve vivement sollicitée par de petits points brillants, dont l'éclat tranche sur la poudre gris foncé du résidu.

Au moyen d'une petite pince, je parviens, en quelques instants, à isoler une dizaine de ces corpuscules brillants, qui se présentent comme de petits cristaux transparents, assez irréguliers, et dont la dimension varie d'un demi-millimètre à 1 millimètre environ.

Je les porte sous le microscope, et, en les observant avec un grossissement de 20 diamètres, ils m'apparaissent sous un aspect tellement frappant, que j'éprouve à ce moment la sensation nette d'avoir réussi. Sous les diverses incidences du faisceau lumineux que je dirige sur eux, ils donnent lieu à des jeux de lumière remarquables. L'un deux laisse voir, sur deux côtés, des formes cristallisées parfaitement déterminées. En outre j'observe des arêtes et des faces courbes, ce qui, d'après ce que j'avais lu, ne peut appartenir qu'au diamant. En les promenant sur une lame de verre, sous une très légère pression, j'obtiens des sillons profonds, d'une netteté parfaite. Je leur fais rayer ensuite une lame d'acier, qu'ils entament avec facilité.

Alors je brise une lame de verre pour obtenir, sous le microscope, des petits fragments de comparaison, et je constate

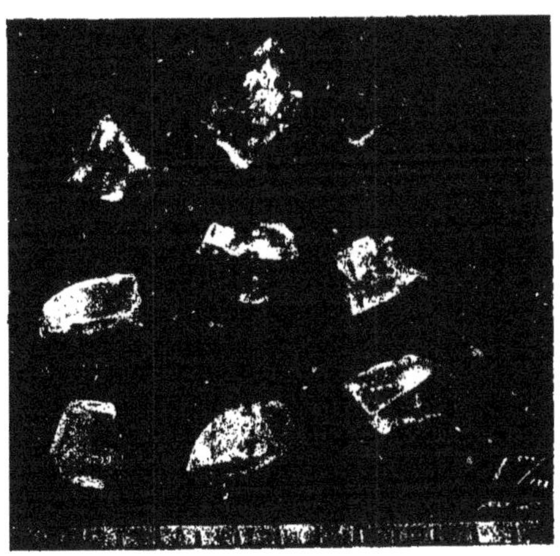

Fig. 9. — Planche E.

Diamants de synthèse obtenus le 13 avril 1908. Durée de l'expérience 6 heures. Grossissement 10 diamètres.

qu'aucune confusion n'est possible entre ces fragments de verre et les cristaux que je viens de sortir de mes résidus.

Déjà, devançant les analyses plus précises que je fis exécuter plus tard, la conviction entrait en moi que c'était bien là du diamant, et que j'avais réussi ma synthèse.

J'enfermai alors mes résidus dans l'armoire de mon laboratoire, puis, avec une impatience légitime, je courus prévenir des amis du succès de mon expérience.

Deux d'entre eux, que je pus joindre rapidement, revinrent avec moi à Levallois. Ils prirent eux-mêmes le bocal contenant le résidu négatif, et nous parvînmes ensemble, par un simple triage à la main, à isoler une quarantaine de cristaux, dont les plus petits pouvaient avoir environ 1/2 millimètre, tandis que les plus gros atteignaient 1 millim. 1/2.

Je procédai ensuite à un lavage plus complet du résidu, en le soumettant à l'action de l'acide sulfurique, puis de l'acide chlorhydrique, et nous reconnûmes que les résidus de ces lavages contenaient une assez grande quantité de cristaux beaucoup plus petits, mais manifestement de la même espèce, dont beaucoup n'avaient pas un dixième de millimètre, et ne pouvaient être révélés que par le microscope.

Quant aux résidus de la région centrale et de la région positive, nous ne pûmes y relever, même au microscope, la moindre trace de résidus.

Telle fut cette expérience du 13 avril 1908, dans laquelle je fus assez heureux pour réaliser, par un procédé entièrement nouveau, *la synthèse du diamant.*

Le 16 avril, j'entrepris une nouvelle expérience dans des conditions absolument identiques à celle du 13, et en m'attachant à obtenir le même régime de marche.

Grâce à certains tours de main et à certains procédés empiriques que les essais précédents m'avaient révélés, je pus cette fois conduire mon four avec régularité et le maintenir pendant toute la durée de l'opération.

Après 6 heures de marche, les charbons n'avaient pris que 10 centimètres d'écart, tandis que le 13, j'avais été contraint, pour maintenir le régime, de porter cet écart à 27 centimètres.

J'arrêtai l'opération après 6 h. 1/2 de marche, dont 3 avaient eu lieu à l'air libre et 3 1/2 avec le foyer protégé par le fourneau de carbure, puis je recouvris mon four comme d'habitude avec des plaques réfractaires, et je le laissai se refroidir pendant la nuit.

Le lendemain, au lieu d'enlever comme je l'avais fait jusqu'alors la masse de carbure pour l'examiner, je vide tout d'abord avec précaution tout le garnissage remplissant le four, de manière à bien dégager la masse solidifiée, qui reste suspendue dans l'intérieur, soutenue par son adhérence aux têtes des charbons. Je puis ainsi en déterminer exactement les formes et les dimensions, tout en cherchant à mettre en lumière quelques données un peu précises sur la région de cristallisation, — mais sans d'ailleurs y parvenir ce jour-là.

Le bloc formé dans cette opération du 16 a la forme ci-dessous (Fig. 10).

Bien qu'il soit beaucoup moins allongé que celui du 13 avril, il offre extérieurement des caractères tout à fait analogues.

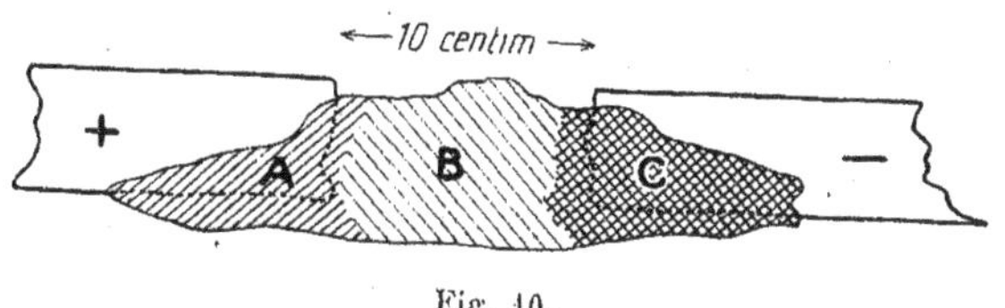

Fig. 10.
Bloc du 16 avril.

A. — Carbure enrichi.
B. — Carbure non décomposé.
C. — Carbure décomposé.

Dégagé avec précaution de la coque de chaux cristallisée formant sa gangue, il apparaît au négatif à l'état de scorie noire et friable, confirmant ainsi une fois de plus l'effet de décomposition électrolytique complète déjà observé et décrit.

Etant donnée cette similitude parfaite d'aspect, je suis fondé à espérer que cette fois encore le traitement des résidus va me fournir des cristaux.

C'est en effet ce qui a lieu.

Je fais donc la séparation de mon bloc en trois régions, suivant la règle établie; je mets à déliter la région positive et la région centrale, et je retiens toute la région négative et décomposée que je fragmente pour l'étudier d'abord à la loupe, à sec, avant de la traiter par l'eau et les acides.

Deux des amis qui m'entouraient ont alors assuré qu'ils découvraient à la loupe, dans cette scorie, des cristaux incrustés parfaitement visibles; mais malgré tout le désir que j'avais de faire les mêmes constatations, je dois déclarer en toute sincérité qu'il me fut impossible d'apercevoir ces cristallisations adhérentes à la masse.

Mais une fois les résidus lavés et séchés, je fis à la main une moisson aussi abondante dans ces résidus que dans ceux de l'opération du 13. Il me parut même que certains d'entre eux étaient d'un ordre de grandeur légèrement supérieur à ceux que j'avais obtenus dans cette expérience, mais sans que je puisse l'affirmer avec certitude.

Quoi qu'il en soit, je venais de reproduire, en les confirmant de la façon la plus indéniable et la plus éclatante, les résultats

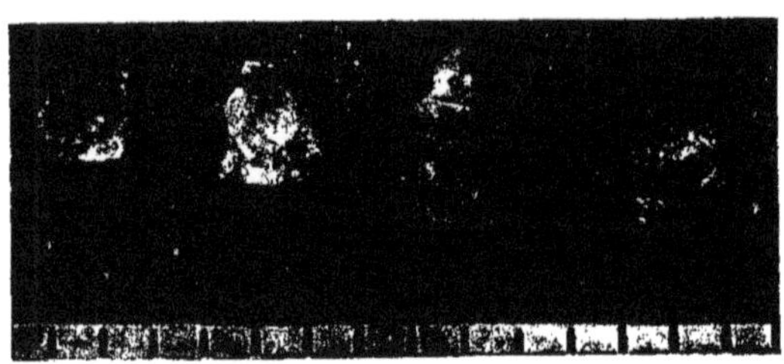

Fig. 11. — Planche F.

Diamants obtenus le 16 avril 1908. Durée de l'expérience 6 heures 1/2. Grossissement 10 diamètres.

obtenus trois jours auparavant. Je venais de fabriquer de nouveaux cristaux aussi nets, aussi limpides, aussi semblables au diamant que les premiers.

J'avais acquis la veille l'ouvrage de M. Jean Escard sur le carbone, et mes cristaux de synthèse présentaient, avec les diamants bruts reproduits par la photogravure dans cet ouvrage, de si frappantes ressemblances, que le doute, s'il avait alors subsisté dans mon esprit, se fût aussitôt atténué.

Mais je m'étais aussi procuré de l'iodure de méthylène, dont la densité, ainsi que venait de me l'apprendre cet excellent ouvrage, est très voisine de celle du diamant, dont elle ne diffère que de quelques centièmes.

Je savais maintenant qu'aucun cristal transparent connu ne doit couler dans ce liquide, à la seule exception du diamant. Si donc mes cristaux allaient au fond, c'était une confirmation formelle de leur nature.

A moins cependant que ces cristaux ne fussent un corps nouveau, absolument inconnu, qui aurait pris naissance dans mes expériences, et qui, sans être du diamant, en aurait eu tous les caractères. C'était bien peu probable!

Néanmoins, ce n'est pas sans une certaine anxiété que je laissai tomber un de mes cristaux à la surface d'une petite éprouvette contenant cet iodure de méthylène. C'est aussi avec un bien vif soulagement que je le vis descendre lentement à travers le pesant liquide, et gagner le fond de l'éprouvette.

En cette minute tous mes doutes et toutes mes craintes s'évanouirent définitivement. La certitude d'avoir réussi à fabriquer du diamant, du vrai diamant, par un procédé nouveau et raisonné, tout à fait en dehors des idées reçues et des voies tracées, sans pression, sans difficultés d'aucune sorte, comme on fait de la fonte dans un haut fourneau, me donna, je dois l'avouer, une minute psychologique tout à fait supérieure, et que bien peu d'hommes ont connue.

Assurément, pour établir la certitude scientifique, il aurait fallu les soumettre au rigoureux contrôle de l'analyse physique et chimique, ainsi que je l'ai fait depuis. Il aurait fallu éprouver leur dureté en leur faisant rayer le rubis, déterminer leur indice de réfraction, leurs dièdres de cristallisation, puis en faire brûler dans l'oxygène et s'assurer que leur combustion fournissait bien le poids d'acide carbonique fixé par les lois et les formules.

Or je n'étais ni assez bien outillé, ni assez bon expérimentateur pour procéder à ces délicates déterminations, et d'autre part nous ne voulions, ni les uns ni les autres, donner à ce moment l'éveil au monde scientifique en les faisant analyser par des chimistes connus, ce qui n'aurait pas manqué de se produire.

Nous jugeâmes donc suffisant de confirmer notre opinion en nous adressant à deux lapidaires dont la discrétion nous était assurée par leur intérêt même. Dès que je leur présentai mes petits cristaux, ils déclarèrent sans hésiter, après un rapide examen, que ces cristaux étaient, sans aucun doute possible, du diamant pur, cristallisé, absolument semblable à celui que l'on trouve dans la nature, et qu'il paraissait à priori impossible de les distinguer des diamants naturels.

C'est alors que je rédigeai pour l'Académie des sciences un memorandum que l'on lira plus loin, relatant les conditions et les résultats des deux expériences décisives du 13 et du 16 avril.

Le 27 avril, je le déposai au secrétariat sous un pli scellé auquel j'avais joint 10 pierres provenant de l'opération du 13, et 10 provenant de celle du 16, plus une petite quantité de résidu en poudre contenant de nombreux cristaux de plus faibles dimensions. Ce pli reçut le n° 7332.

CHAPITRE VII

Expériences complémentaires. — Découverte de la région de cristallisation. — Géodes. — Scorie bleue. — Grossissement proportionnel à la durée.

Le dépôt de ce compte rendu à l'Académie des sciences avait pour effet de fixer la date de ma découverte, et de m'assurer, en cas d'indiscrétions ou de fuites, une incontestable priorité.

Ce pli devait rester scellé, dans les archives de l'Académie des sciences, qui n'en ferait l'ouverture que sur ma demande; et, au cas même où une coïncidence fortuite eût dirigé les recherches d'une autre personne dans une voie identique, et que ces recherches, se faisant parallèlement aux miennes, eussent abouti au même résultat, la preuve formelle de ma priorité eût été facile à produire.

Ainsi couvert par ce dépôt, je poursuivis mes expériences en me proposant de les méthodiser, de rechercher les conditions les plus favorables à la bonne reproduction de cette synthèse, de déterminer la raison de certains faits dont l'explication restait encore obscure en mon esprit, et surtout, si possible, d'arriver à produire des cristaux plus volumineux.

Les moyens les plus rationnels à priori pour obtenir ce dernier résultat, étaient évidemment de réaliser une fusion meilleure et de prolonger les expériences. Il fallait donc concentrer la chaleur du foyer dans un espace de plus en plus restreint afin d'obtenir et de maintenir pendant toute la durée de l'opération un état de fluidité aussi parfaite que possible; il fallait, en outre, prolonger l'opération, car puisqu'il s'agissait d'une cristallisation, et que cette cristallisation ne s'opérait pas, comme Moissan l'avait pensé, sous l'influence presque instantanée d'une pression aussi brusque qu'énergique, le grossissement devait évidemment être fonction de la durée.

Toutefois, ayant obtenu un premier résultat le 13 avril, et l'ayant confirmé par l'expérience du 16, il ne fallait procéder à des modifications que d'une façon prudente et presque insensible, car si j'étais bien fixé sur le résultat, les moyens par lesquels je l'avais obtenu restaient encore assez nébuleux pour que leur changement brusque me fît redouter un échec.

Je commençai par diminuer la proportion de charbon en poudre dans le mélange formant le garnissage protecteur du four. J'avais en effet observé qu'une partie du charbon de ce mélange s'unissait à la chaux pour former du carbure, de faible teneur il est vrai, mais qui venait néanmoins s'ajouter au poids de la masse traitée, et, par suite, absorbait trop de chaleur pour l'intensité fournie.

D'autre part, je découvris certains tours de main qui me permirent d'espérer un tassement plus énergique de ce mélange et de lui donner, autour du foyer, une consistance beaucoup plus ferme.

Ensuite je réduisis encore la capacité utile au moyen de briques réfractaires mobiles, ne laissant ainsi qu'une distance de 8 centimètres entre les charbons et les fausses parois du four.

Un peu plus tard, je pus me procurer des briques de magnésie, au moyen desquelles je fabriquai une sorte de creuset, mais le résultat de ce dispositif fut franchement mauvais, ainsi qu'on le verra plus loin.

Quant à la durée, je pouvais, en commençant de très bonne heure, la prolonger pendant 16 heures, mais, ainsi que je l'ai dit, le secteur ayant refusé de me fournir le courant à partir de l'heure d'allumage public, il ne m'était pas possible de dépasser cette durée maximum.

Une fois je tentai de faire marcher mon four pendant deux jours consécutifs avec une interruption de 12 heures pendant la nuit, mais le résultat fut si mauvais que je ne renouvelai pas cet essai.

Du 20 avril au 5 juin 1908, je fis ainsi une série de 15 opérations, dont 4 furent nettement manquées, et onze pleinement réussies.

Il serait fastidieux et inutile d'entrer dans le détail complet de ces expériences dont la physionomie générale reproduit assez fidèlement celle du 13 et du 16 avril que j'ai longuement décrites.

Je me bornerai à indiquer les modifications bonnes ou

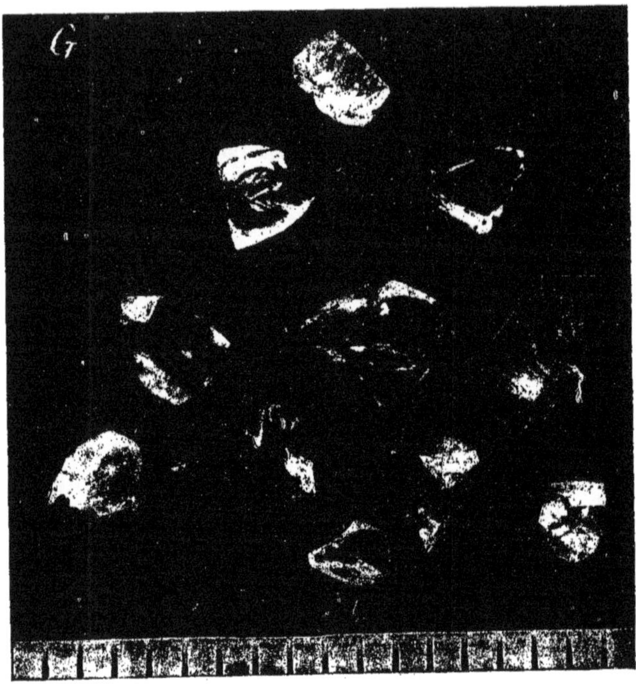

Fig. 12. — Planche G.

Diamants obtenus dans les expériences du 20 et 24 avril. Durée 9 heures, Grossissement 10 diamètres.

mauvaises que j'introduisis au four ou au régime au cours de cette seconde période d'expériences.

Le 20 avril, je fis une opération dont la durée fut de 9 heures, avec un régime moyen de 700 ampères sous 32 volts, et je la répétai le 24 dans des conditions identiques comme régime et comme durée.

Le traitement des résidus de ces deux opérations me fournit 16 cristaux d'un ordre de grandeur franchement supérieur à ceux que j'avais obtenus le 13 et le 16 avril. Certains d'entre eux dépassaient 2 millimètres dans leur plus grande dimension.

J'attribuai naturellement ce résultat à la durée de ces expériences, qui avait été de 9 heures, tandis que dans les deux premières, elle n'avait atteint respectivement que 6 heures et 6 h. 1/2.

Le 28 avril, je maintins mon four en marche pendant 10 heures, au régime de 700 ampères sous 32/35 volts. Mais malgré mes recherches méticuleuses et les lavages aux acides, je ne pus retirer des résicus que quatre pierres dépassant 2 millimètres. Par contre les poudres étaient riches en cristaux beaucoup plus petits, visibles seulement à la loupe.

C'est alors que je tentai de prolonger l'opération pendant deux jours consécutifs, avec une interruption pendant la nuit.

Le 4 mai, le four fut donc allumé à 7 h. 1/2 du matin, et l'opération poursuivie sans interruption jusqu'à 7 heures du soir.

A ce moment, je coupai le courant et je recouvris le four, laissant tout en l'état pour reprendre l'expérience le lendemain matin.

Le 5 mai, en arrivant au laboratoire, je constatai que le dispositif n'accusait aucun changement appréciable dans la forme du bain et la position relative des charbons. Le bloc n'était pas encore refroidi, et j'évaluai sa température à 4 ou 500 degrés.

A 8 heures, je lançai le courant. Tout se rallume instantanément, et les appareils accusèrent : Ampères 1.200, Volts 32. Puis l'intensité baissa progressivement pour s'arrêter comme la veille aux environs de 700. Tout parut aller fort bien jusqu'à la fin de l'après-midi, où des fluctuations sensibles se produisirent dans l'intensité.

Toutefois, dans son ensemble, l'expérience se poursuivit assez régulièrement jusqu'à 6 heures du soir. L'écartement des charbons avait été portée, peu à peu, jusqu'à 30 centimètres.

Cette double opération, sur laquelle j'avais fondé de grands espoirs, et qui avait été conduite avec beaucoup de régularité, me donna la plus complète déception. Le four avait fonctionné pendant 21 heures 1/2, avec une interruption de treize heures.

Je dégageai une masse de carbure allongée, ne portant aucune trace de décomposition (fig. 13). Cette masse pesait 22 kilos, alors que je n'avais introduit dans le four que 9 kilos de

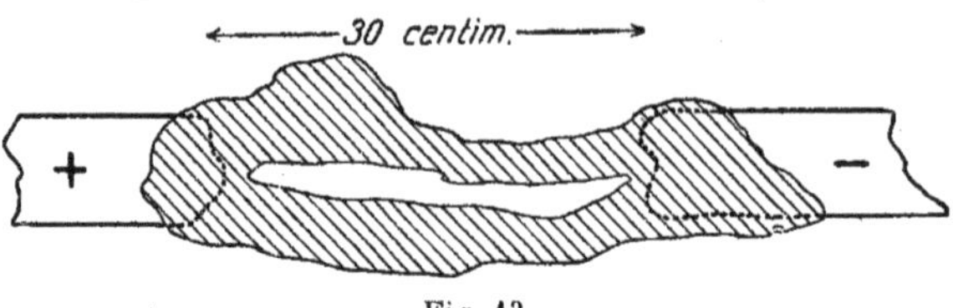

Fig. 13.

Bloc des 4 et 5 mai.

carbure à traiter et quelques cuillerées de charbon en poudre.

J'avais donc simplement fabriqué du carbure médiocre, aux dépens des électrodes et du charbon mélangé au garnissage ou ajouté sous forme de poudre au cours de l'opération.

Je traitai néanmoins les résidus à la façon ordinaire, mais comme je devais m'y attendre d'après l'aspect de la masse non décomposée, je les trouvai absolument stériles.

Que s'était-il passé, et pourquoi cet essai avait-il si complètement échoué? Je fis à cet égard diverses suppositions dont la valeur n'est pas suffisamment assise pour que je les mentionne ici.

Toutefois je fus si mécontent du résultat que je ne songeai pas à recommencer dans ces conditions.

Le 7 mai, mon four fonctionna pendant 11 heures, avec une régularité que je n'avais pas encore atteinte jusque-là, toujours au régime de 7 à 800 ampères sous 32 à 35 volts.

Le résultat fut excellent. J'isolai une vingtaine de diamants dont certains atteignaient 2 millim. 5.

Comme on le voit, mes expériences prenaient une allure régulière, chacune d'elles confirmant mon procédé de synthèse. A l'exception de celle des deux jours, dont j'ai parlé plus haut, et qui vraisemblablement avait été manquée par suite de l'interruption de la nuit, j'avais donc réalisé, six fois de suite, la reconstitution du diamant. C'en était plus qu'il ne fallait pour affirmer d'une façon formelle la réalité de ma méthode qui m'avait alors fourni plus de cent diamants de synthèse de 1 millim. à 2 millim. 1/2, et un grand nombre de plus petits. Mais en dépit de l'attention que j'avais apportée à l'examen des résidus, je n'étais pas arrivé à situer, dans la partie négative, la région exacte de cristallisation, point qui me semblait intéressant au plus haut degré à établir.

L'expérience suivante, exécutée le 11 mai, me fournit à cet égard les précisions que je cherchais.

J'avais fait placer, le 10 mai, un rhéostat supplémentaire, dans l'intention de baisser le voltage qui se maintenait toujours au-dessus de 30, ce qui me paraissait encore trop élevé.

Les débuts de l'expérience du 11 mai furent un peu incohérents.

Allumé à 8 heures, le four se trouvait en bonne marche une heure après, au régime de 800 ampères sous 30 volts.

Mais de 9 heures à midi, ce fut une série de variations telles, que ne pouvant me rendre maître du régime, je dus, à trois reprises, stopper pendant 2 à 3 minutes; puis vers midi, le régime s'établit, et jusqu'à la fin de la journée se maintint avec une fixité remarquable sous 800 ampères et 22 volts. Littéralement, mon four sembla dormir, avec un ronflement uniforme, pendant 7 heures consécutives. Depuis le début de mes essais, je n'avais jamais pu enregistrer une régularité semblable pendant une durée aussi importante.

Quand le lendemain je dégageai le four, avec la conviction que cette fois encore, l'expérience avait parfaitement réussi, je fus tout d'abord frappé de la forme particulière que présentait le bloc.

En voici la description telle que je l'ai relatée le jour même sur mon registre de marche.

« La masse de carbure fondu et aggloméré part nettement de la tranche du charbon positif, et va en s'épanouissant envelopper complètement la tête du négatif, qu'elle déborde sur une longueur de 22 centimètres, l'écartement entre les charbons étant de 20 centimètres.

Autour du charbon négatif et dans la partie supérieure du bain, la scorie noire et friable que j'ai toujours rencontrée jusqu'ici, et qui était formée de carbure décomposé, a changé d'aspect sur une longueur de 11 à 12 centimètres environ, de chaque côté du charbon, et montre une apparence vitreuse,

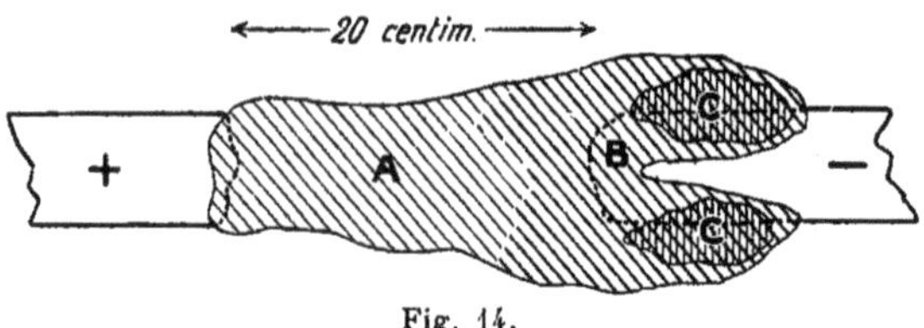

Fig. 14.
Bloc du 11 mai (plan).

translucide par endroits, et de couleur gris bleu. On dirait une sorte d'onyx un peu laiteux. Je détache avec précaution les deux joues présentant cette apparence, et je les examine à la loupe. »

« Cette fois, je ne puis nier l'évidence; la loupe me permet d'apercevoir, avec une netteté parfaite, des cristaux forts petits

Fig. 15.
Bloc du 11 mai vue de côté.

il est vrai, mais dont les pointes et les arêtes se reconnaissent facilement.

Je brise dans un mortier un morceau de cette scorie de la grosseur d'une noix. La poudre obtenue, portée sous le microscope, révèle une quantité de petits diamants.

De la pointe d'un canif, et en grattant simplement une sorte de petite géode bien indiquée dans un fragment de cette scorie bleue, je fais tomber sur le verre porte-objet de mon microscope une pluie de ces petits cristaux.

Je suis donc, sans aucun doute possible, en présence de la

région où s'élabore le diamant dans mes synthèses. C'est cette scorie bleuâtre qui forme la roche mère de mon filon, et par une coïncidence assez curieuse, sa couleur rappelle — sans que sa composition puisse d'ailleurs lui être comparée — la fameuse « terre bleue », le « blue ground » qui forme la plupart des gisements du Cap. »

Ainsi que cela se produit toujours lorsque des cristallisations se rencontrent dans des roches ignées, c'est dans des chapelles, dans des géodes, que les cristaux viennent se former, et ils en

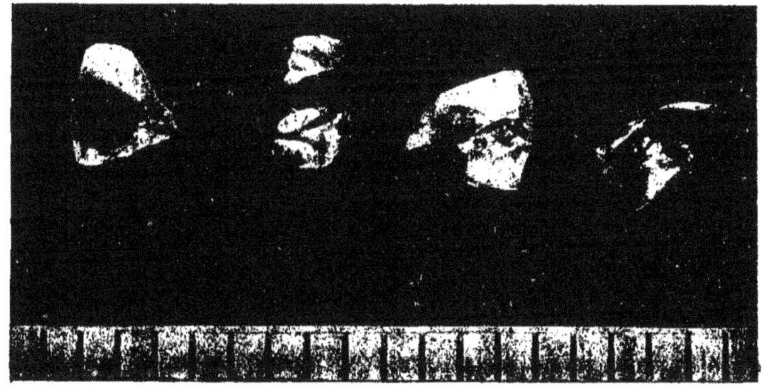

Fig. 16. — Planche II.

Diamants obtenus le 11 mai. Durée de l'opération 11 heures. Grossissement 10 diamètres.

tapissent les parois en se développant. C'est un fait que j'ai constaté de la façon la plus formelle, et il m'apparaît comme l'un des points les plus intéressants que j'aie pu mettre en lumière au cours de mes expériences.

La planche H, ci-dessus, reproduit quatre belles pierres obtenues le 11 mai.

Le 14 mai je fais une nouvelle opération que je prolonge pendant 12 heures.

La marche du four est bonne pendant les 8 premières heures, toujours au régime moyen de 800 ampères sous 24/25 volts. Vers le soir, le four se dérègle un peu, et quelques variations d'intensité se produisent, sans cependant atteindre des amplitudes inquiétantes pour le résultat de l'expérience.

Le lendemain, je dégage mon four, mais sans retrouver la forme si caractéristique du bloc fondu qui m'avait fourni l'expérience précédente, et dont j'ai donné la description. La scorie bleuâtre et vitreuse se montre cependant, mais confusément, et beaucoup moins abondante.

Toutefois elle est loin d'être stérile, car je recueille encore quelques jolis cristaux et une poudre riche en petits diamants.

Nouvelle expérience le 18, interrompue après 8 heures de bonne marche par la rupture d'une courroie. A l'examen je ne retrouve pas la terre bleue que je recherche maintenant à chaque essai, mais je recueille cependant onze pierres bien formées.

Le 22 mai, à l'instigation de mes amis, je disposai dans mon four une rigole intérieure formée de 8 briques de magnésie pesant chacune 3 kilos. Je n'augurais pas grand'chose de bon de ce soi-disant perfectionnement, car cette masse de 24 kilos de magnésie me semblait devoir absorber en pure perte une grande partie de l'énergie calorifique du foyer.

Je recouvris ce creuset d'une couche intérieure de 3 centimètres de chaux vive en poudre, et mis en marche sans difficulté.

Du début à la fin, cette opération fut franchement mauvaise. Pas un instant je ne pus arriver à maintenir un régime à peu près normal, l'intensité bondissant par sauts violents de 200 à 1.600 ampères.

Je m'obstinai cependant onze heures durant sur cet essai tumultueux dont les trois dernières heures se firent au-dessous de 200 ampères.

Le résultat fut celui que faisait prévoir un aussi mauvais régime, c'est-à-dire totalement nul.

Je retrouvai le lendemain mes briques de magnésie tellement détériorées qu'il était impossible de les employer de nouveau. Loin de le déplorer, j'en fus intérieurement ravi car cela me dispensait de tenter un nouvel essai avec les briques de magnésie, et je me hâtai de revenir au dispositif déjà classique dont j'avais tiré de si heureux résultats.

Le 25 et le 27 mai, je fis deux nouvelles expériences, respectivement de 9 heures 1/2 et 10 heures, qui furent bien réussies, mais dont je ne donnerai pas le détail, cette énumération d'opérations presque semblables devenant forcément fastidieuse.

Le 29 mai, je pus maintenir mon four en action pendant 16 heures, mais bien que la marche eût été assez régulière, j'eus la surprise de ne trouver dans les résidus, à part une faible quantité de très petites pierres, qu'un seul diamant, de bonne dimension, il est vrai, puisqu'il atteignait 2 millim. 5.

Une masse assez considérable de carbure s'était formée, car j'avais alimenté mon four avec du carbure granulé de la grosseur des grains de sarrazin, qui fondait trop vite. Pour maintenir un bon régime, j'avais introduit peu à peu 15 kilos de ce carbure. C'était excessif, et le mauvais résultat de cette expérience me révélait clairement l'erreur que j'avais commise.

Le 1er et le 3 juin, je réussis parfaitement deux expériences de 12 heures au régime de 7 à 800 ampères sous 24/25 volts. La « terre bleue, » avec ses géodes tapissées de petits cristaux, se montra bien nettement dans la même région, et sensiblement sous la même forme que dans l'expérience du 11 mai, où je l'avais découverte pour la première fois.

La planche K, ci-après, montre une collection des plus beaux cristaux que j'aie obtenus dans ces deux expériences de 12 heures.

Enfin, le 5 juin, je tentai de marcher encore pendant 16 heures, mais au bout de 4 heures, le four se dérégla. Tandis que je m'efforçais de le ramener à un régime normal, un accident à la poulie de renvoi, suivi quelques instants après d'un accident sérieux à une dynamo, m'obligea à stopper.

Mes électrodes étaient trop usées pour que je pusse les utiliser de nouveau. J'avais eu quelque peine à me procurer cette paire, dont les dimensions n'étaient plus courantes, et on me demandait un long délai pour m'en fournir de semblables. En outre, l'accident de la dynamo nécessitait une interruption assez prolongée.

D'autre part, j'estimais que la série d'essais que je venais de

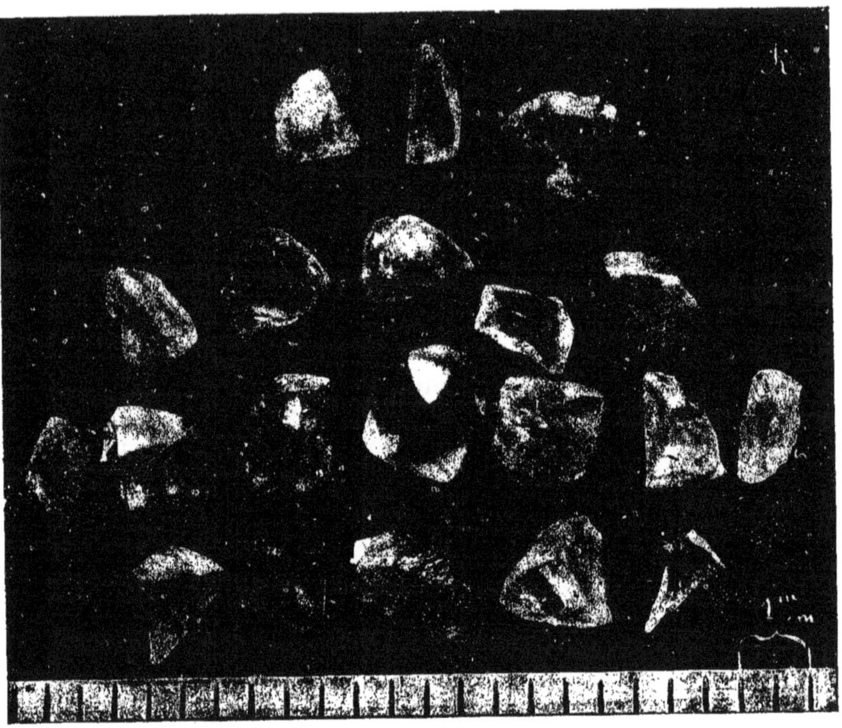

Fig. 17. — Planche K.
Diamants obtenus le 1er et le 3 juin. Durée 12 heures. Grossissement 10 diamètres.

poursuivre était suffisamment démonstrative de la réalité de mon procédé, et que mon installation de Levallois ne me permettait guère d'espérer des résultats supérieurs à ceux que j'avais atteints.

Il était évident à mes yeux que pour aller plus avant dans cette découverte, une installation plus parfaite, sans être beaucoup plus puissante, mais permettant des expériences de plus longue durée, s'imposait absolument.

Enfin l'avouerai-je, — soit fatigue morale après les émotions par lesquelles je venais de passer, soit fatigue physique causée par cette longue série d'expériences au cours desquelles je devais séjourner constamment près de mon four, — je trouvais le résultat suffisant, et j'acceptais avec une résignation facile l'accident de machine qui me forçait au repos.

J'arrêtai donc définitivement mes expériences à Levallois, et, afin de détourner l'attention qui commençait à s'éveiller autour de mon mystérieux laboratoire, je fis répandre le bruit que j'abandonnais mes expériences parce qu'elles n'avaient pas réussi.

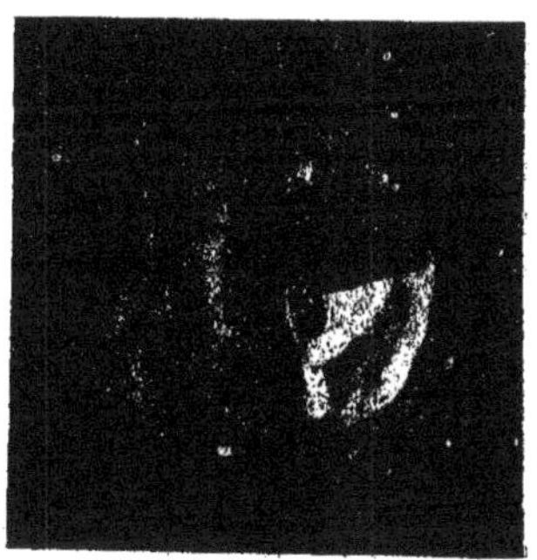

Fig. 18.
Diamant obtenu le 3 juin.
(Grossi 15 fois)

En somme, j'avais exécuté au total 27 expériences.

Les dix premières, qui n'étaient en réalité que des tâtonnements, de durée relativement courte, m'avaient permis de me familiariser avec la marche de mon four, mais sans me donner de résultats appréciables.

La 11e expérience, exécutée le 13 avril 1908, me donna enfin la synthèse que je poursuivais.

A partir de ce moment, je réussis toutes mes opérations, à l'exception de quatre qui échouèrent, pour les raisons que j'ai exposées ci-dessus.

Lorsque j'arrêtai définitivement mes travaux, *j'avais donc réussi treize fois la synthèse du diamant* par mon procédé de traitement électrolytique du carbure de calcium au four électrique.

CHAPITRE VIII

Examen de la méthode et des résultats. — Constatations et observations diverses. — Formes, caractères et propriétés des diamants de synthèse.

Ces cristaux bruts, dont je me plaisais à contempler longuement sous le microscope les jeux de lumière, étaient donc bien le résultat indéniable de ma méthode de synthèse. Mais leur formation devait-elle, ainsi que tout me portait à le croire, être attribuée à cette décomposition du carbure par électrolyse qui s'était si nettement manifestée dans toutes mes expériences, ou bien fallait-il chercher une autre explication, et attribuer leur naissance à une autre cause non déterminée encore ?

L'un de mes amis, ingénieur chimiste, que l'hypothèse de la formation dérivant de l'électrolyse ne satisfaisait pas pleinement, suggéra l'idée que la cristallisation du carbone pouvait être provoquée par du titane dont les matières introduites dans mon four auraient pu contenir quelques traces.

Cette conception se rattachait à la découverte de fer titané signalé comme accompagnant parfois le diamant dans certains gisements du Brésil. De la présence de ce fer titané au voisinage du diamant était née une théorie, un peu nébuleuse il est vrai, expliquant la formation possible du précieux minéral par l'action de ce titane, qui serait intervenu comme agent de catalyse.

Mais cette hypothèse reposait sur des bases si fragiles et si vagues, la présence du titane dans mon four était si improbable, que je ne crus pas pouvoir m'y arrêter.

Plus tard, je m'adressai à l'Académie des sciences pour trancher cette question, ou tout au moins la soumettre à l'examen ;

mais comme on le verra par la suite de ce travail, la science officielle s'abstint de répondre. L'avenir s'en chargera sans doute lorsque mes expériences auront été reprises.

Mais pour le moment l'explication que j'ai proposée m'apparaît assez logique pour me dispenser d'en rechercher une autre.

Je demeure donc convaincu que c'est bien la décomposition par l'électrolyse de mes bains de carbure de calcium qui a donné lieu à la formation de mes diamants. J'ai exposé plus haut par quelle suite de déductions cette conception s'était imposée à mon esprit lorsque le grand chimiste Maumené me confirma la présence du diamant dans le carbure que je faisais alors fabriquer en Savoie. Or, dès mes premières expériences, la décomposition du carbure se manifesta d'une façon sensible, et lorsque j'en vins à prolonger la durée de mes opérations, ce phénomène s'accentua et se précisa avec une indéniable évidence.

J'étais assez familiarisé avec le carbure de calcium dont j'avais fabriqué plusieurs milliers de tonnes, tant en France qu'à l'étranger, et notamment en Argentine où j'avais construit et dirigé en personne une puissante usine électro-chimique, pour en bien connaître l'aspect et les propriétés.

Or, tandis que la partie positive du bloc m'apparaissait sous la forme du plus beau carbure, semblant, à l'inspection de sa couleur, de sa cassure, de la largeur de sa cristallisation, s'être même enrichi ; tandis que le centre reproduisait sensiblement l'aspect du carbure fondu ordinaire, la région négative n'offrait plus la moindre similitude d'apparence ni de propriétés avec le carbure de calcium.

C'était, comme je l'ai dit, une scorie noire, légère, charbonneuse, friable, lamellaire par endroits, quelquefois vitreuse, ayant perdu presque totalement son action sur l'eau. Bref, ce n'était plus à aucun degré du carbure de calcium.

Le bain de carbure avait donc été décomposé dans cette région, et seule l'action électrolytique pouvait expliquer cette décomposition.

Mais ici se dresse une objection assez sérieuse et dont je recherchai longtemps l'explication.

D'après les lois de l'électrolyse, ce n'est pas au pôle négatif, mais bien au pôle positif, que le carbone, séparé du calcium, devrait se porter et se maintenir.

Or, invariablement, la région négative du bain se trouvait seule décomposée. C'est toujours dans cette région que se rencontraient les cristaux, et, comme je l'ai reconnu dans quelques-unes de mes expériences, la « terre bleue » contenant les géodes où ils se formaient, se montrait franchement en arrière de la tête de la cathode.

Il ne m'arriva jamais d'en rencontrer dans les résidus positifs, et c'est à peine si, deux ou trois fois, un petit cristal égaré, provenant sans doute d'une mauvaise séparation des régions du bloc, fut trouvé dans les résidus de la région centrale.

Cette anomalie apparente s'explique lorsqu'on observe avec attention le fonctionnement du four. Pendant la seconde partie de l'opération, la région négative donne constamment naissance à des flammes d'un rose vif très caractéristiques.

Que sont ces flammes, et que signifie leur apparition?

Ces flammes sont simplement du calcium, amené à l'état de vapeurs incandescentes, qui s'échappe du four.

Or ce calcium, mis en liberté à la cathode, et qui y brûle en produisant ces flammes roses, a libéré le carbone avec lequel il se trouvait uni dans le carbure de calcium. Une partie de ce carbone reste isolé à ce pôle, s'emprisonne et cristallise dans les géodes de la scorie où je l'ai rencontré, tandis que l'autre partie s'en va au pôle positif, appelée par l'action électrolytique, enrichir ainsi que je l'ai signalé, la partie du bain qui s'y trouve.

Telle est, du moins, l'explication qui me semble la plus rationnelle d'un fait en opposition apparente avec la théorie de l'électrolyse.

Il me paraît curieux de rapprocher ma méthode d'électrolyse des hypothèses émises par Berthelot et Moissan sur certaines particularités de formation de la croûte terrestre.

D'après ces deux maîtres, tous les métaux que nous rencontrons dans la nature, soit à l'état de corps simples, soit à l'état de combinaisons, auraient été unis au carbone, à l'origine du globe, pour former des carbures métalliques.

L'outil récent que l'on appelle le four électrique a donné le moyen de reproduire ces carbures, dont la plupart étaient jusqu'alors inconnus, et de préciser leur mode de formation en apportant à l'hypothèse de ces savants une force singulière.

En effet, à l'époque lointaine où la nébuleuse initiale se trouvait déjà concentrée, mais à une température telle que tous les éléments entrant dans sa composition existaient encore à l'état de vapeurs, les lois d'affinité qui régissent les combinaisons des corps entre eux étaient les mêmes qu'aujourd'hui, et leur action s'exerçait d'une façon absolument identique.

Or, à ces températures, que nous reproduisons aujourd'hui dans le four électrique, la molécule de carbone, rencontrant la molécule de fer, ou de calcium, ou de sodium, etc..., s'unissait forcément à cette dernière pour former un carbure qui, par l'effet du refroidissement progressif, prenait bientôt la forme liquide, puis solide; en sorte qu'à l'époque où nous pouvons nous figurer le globe à l'état d'une sphère en fusion liquide, sa surface nous apparaît comme formée d'une couche de carbures divers. Après les carbures, les siliciures durent se constituer, et, au fur et à mesure du refroidissement de la masse, ces divers éléments, formant peu à peu une gigantesque scorie, se solidifièrent dans l'ordre inverse de leur degré de fusibilité.

Un peu plus tard, les carbures et les siliciures, sous l'action des agents atmosphériques qui prenaient naissance, se décomposèrent pour former les carbonates et les silicates qui constituent la plus grande partie de la surface terrestre telle que nous la voyons de nos jours.

Mais n'est-il pas concevable, — je dirai même à la suite de mes expériences, — n'est-il pas probable que le carbone, mis en liberté dans ces masses énormes de carbure en fusion, par l'effet de quelque cause que ce soit, électrique, électrochimique ou autre, et se trouvant soustrait, par l'effet de certaines circonstances rares et spéciales, au contact de l'oxygène ou de ses composés, ait dû prendre la forme du diamant?

Ce n'est là qu'une hypothèse, bien entendu, mais jusqu'à ce

qu'on m'en ait démontré l'inanité, elle apparaît bien plus solide, bien plus rationnelle, bien plus vraisemblable que tout ce qui a été proposé jusqu'ici pour expliquer la genèse du diamant.

Un des côtés de ma méthode qui a le plus vivement frappé ceux qui en ont été témoins, c'est sa grande simplicité.

Ayant dès l'abord délibérément écarté le dogme de la pression, je me trouvais par cela même libéré des difficultés presque insurmontables auxquelles la nécessité d'opérer sous de formidables pressions avait condamné jusqu'alors les expérimentateurs.

Ma méthode se réduisait en fait à la cuisson méthodique et prolongée d'un bain de carbure. Rien n'était plus facile en apparence. Dans la réalité, je rencontrai, ainsi qu'on a pu le voir, quelques difficultés d'application, mais elles provenaient en grande partie de la médiocrité de l'installation et aussi de celle de l'opérateur.

En fait, le four dont je me suis servi n'était qu'un outil très rudimentaire, sans aucune précision, bâti un peu à la diable, avec des matériaux et des briques réfractaires de fortune.

J'en avais déterminé la forme et les dimensions par un calcul sommaire et de vagues tâtonnements.

Quant à mes machines, c'était d'honnêtes dynamos, d'un modèle périmé, achetées d'occasion, et dont le régime ne fut pas sans me causer parfois d'étranges surprises. Le moteur lui-même, encore plus ancien que les dynamos, atteignait en marche des températures paradoxales, allant jusqu'à la fusion des isolants, si bien qu'à plusieurs reprises, l'odeur caractéristique des vernis fondus m'avertit de modérer le régime, sinon de stopper tout à fait.

J'aurais d'ailleurs mauvaise grâce à ne pas rendre hommage à l'étonnante résistance de ces braves auxiliaires qui supportèrent vaillamment des secousses auxquelles des machines plus modernes auraient peut-être succombé.

Je dois en outre faire l'aveu que je suis personnellement dépourvu des qualités primordiales d'un bon expérimentateur, qui sont la patience et le sens des minutieuses précautions, et que les heures pendant lesquelles je devais m'astreindre à suivre minute par minute la marche de mon four, sans perdre un instant de vue les appareils de mesure, me semblaient terriblement longues.

Si l'on considère en outre que mes expériences comportaient une grande somme de tâtonnements, on conviendra que cette synthèse, pour avoir si bien et si rapidement réussi, n'était difficile qu'en raison des légendes établies.

Il est certain que tout chimiste doué de patience et d'observation, bon expérimentateur, et habitué à conduire un four électrique, pourra non seulement la reproduire aisément, mais encore obtiendra des résultats bien supérieurs aux miens.

Je regrette même aujourd'hui que le mystère dans lequel j'étais contraint de m'envelopper ne m'ait pas permis de m'adjoindre un bon praticien pour la conduite de mes expériences.

Dans tous mes essais, j'ai négligé systématiquement de me préoccuper de la pureté des matières premières, carbure de calcium, chaux et charbon que je mettais en œuvre, me contentant de prendre ce que je rencontrais dans le commerce.

Ces matières contenaient assurément beaucoup d'impuretés, mais j'ai toujours pensé qu'à la température où j'opérais elles devaient se volatiliser dans le four et disparaître avec les fumées.

Je me disais qu'en tout cas, si j'étais assez heureux pour obtenir du diamant, même impur, par mon procédé, il me serait toujours loisible, une fois que ce procédé aurait été sanctionné par la réussite, de trier avec soin les matières premières, d'employer de la chaux de marbre, du charbon de sucre, et même du carbure de calcium que je fabriquerais ou ferais fabriquer dans des conditions de pureté aussi parfaite que possible.

Mais comme mes cristaux, sans être aussi réguliers que je le pensais, se trouvèrent doués d'une remarquable pureté, j'en conclus que la qualité des matières sur lesquelles je travaillais avait peu ou point d'importance, et je poursuivis mes essais sans m'en préoccuper autrement.

A la réflexion, le contraire serait surprenant. La molécule de carbone, mise en liberté à haute température, est obligatoirement chimiquement pure. Elle va se juxtaposer par cristallisation à d'autres molécules aussi vierges qu'elle-même, et je ne vois aucune espèce de raison pour que des impuretés s'y incorporent, sinon d'une façon tout à fait exceptionnelle, et au cas improbable ou la chaleur du four ne les aurait pas brûlées et volatilisées.

Si les cristaux sont en général très purs, par contre leur forme est essentiellement variable et irrégulière.

Quelques-uns présentent deux et même trois faces bien apparentes. D'autres n'en laissent voir qu'une seule; d'autres enfin sont arrondis de partout sans offrir la moindre face ni la moindre arête. J'en possède beaucoup, très petits, dont il est impossible de soupçonner la nature sans l'aide du microscope, et qui semblent de petits grains de silice transparente ou de verre fondu plus ou moins réguliers.

Il est même fort heureux que j'aie pu recueillir et isoler un assez grand nombre de ces petites pierres, dont certaines n'atteignent pas un vingtième de millimètre, car ils constituent la plus décisive, la plus irréfutable réponse aux basses attaques de supercherie dont j'ai naturellement été l'objet.

Dans quelle mine de diamants recueille-t-on ces grains arrondis que l'œil le plus perçant et le plus exercé ne saurait discerner de la poudre des scories? Où aurais-je bien pu me les procurer? Qui les aurait récoltées pour me les fournir?

Dans mon procédé, les diamants, ainsi que je l'ai dit, se forment dans des géodes dont, à plusieurs reprises, j'ai pu relever l'emplacement dans le four. Comme dans les cristallisations analogues, ils viennent s'accrocher aux parois, empiètent les uns sur les autres, se développant comme ils peuvent, et d'autant plus irrégulièrement que l'opération elle-même est moins tranquille et donne lieu à des mouvements du bain plus accusés. Des poches de vapeurs crèvent après avoir bouillonné dans la masse, et dérangent constamment le travail de cristallisation.

On sent que si l'opération pouvait être conduite tranquillement et sans secousses, les cristaux seraient mieux faits, plus gros et plus abondants.

C'est à cette irrégularité de la marche que j'attribue le petit nombre de cristaux d'un certain volume produits dans mes diverses expériences, car il n'y a que dans certaines géodes, définitivement mises à l'abri des bouillonnements par le durcissement des parois, et bien isolées de la masse agitée, que la cristallisation puisse se développer à l'aise, cette cristallisation n'étant guère concevable dans un milieu en ébullition tumultueuse.

Toutes les fois que mon four a « dormi » pendant les dernières heures de l'expérience, j'ai obtenu des résultats plus beaux et plus abondants.

La quantité considérable de tout petits cristaux tapissant les géodes de cette scorie bleue que j'ai signalée confirme nettement cette opinion.

A quel moment de l'opération se forment ces cristaux? Est-ce au cours de l'expérience même, ou bien, comme certains le pensent, seulement pendant le refroidissement?

Ma conviction absolue c'est que la cristallisation se fait au cours de l'expérience, pendant que le four est en pleine activité. J'incline à penser qu'elle se détruit en partie et se reforme suivant les fluctuations mêmes de la marche.

Mais elle ne saurait se produire que lorsque la décomposition du carbure au pôle négatif est assez avancée pour former la scorie noire que j'ai maintes fois décrite au cours de cette étude.

Or ce n'est qu'après 5 ou 6 heures de bonne marche que cette scorie apparaît avec un caractère bien franc. Je crois donc pouvoir en conclure que la cristallisation commence vers la 5e heure de marche (dans un four tel que le mien, bien entendu).

Elle se continue vraisemblablement pendant les heures

qui suivent, et s'arrête aussitôt que le four cesse de fonctionner.

Il m'apparaît extrêmement improbable qu'elle se poursuive pendant la période de refroidissement, ni surtout qu'elle se fasse intégralement pendant cette période.

Indépendamment de la rapidité avec laquelle le carbure se fige aussitôt que cesse le passage du courant, la raison m'en est donnée par la remarquable progression que l'on observe dans le grossissement des cristaux, en proportion de la durée de la marche du four, progression sur laquelle j'insisterai plus loin.

Le temps que met le four à se refroidir est sensiblement le même, qu'il s'agisse d'un essai ayant duré 3 heures ou d'une expérience poussée pendant 16 heures. Si la cristallisation ne s'opérait que pendant la période de refroidissement, les diamants fabriqués n'offriraient pas une proportion si caractérisée entre la durée de l'opération et leurs dimensions.

Cette proportion est, après la confirmation du principe même de la synthèse, le point le plus intéressant que j'aie pu mettre en lumière. Et il s'est produit d'une façon assez claire et assez répétée, pour que je n'hésite pas à le donner comme un fait acquis.

Dans les premières opérations, qui n'ont duré que deux ou trois heures, je n'ai pas obtenu le moindre diamant.

Peut-être y avait-il un commencement de formation; — quelques indices, recueillis depuis, me l'ont fait soupçonner; mais ces indices sont si faibles qu'ils ne sauraient entraîner une affirmation.

Mais voici des faits plus précis :

Les deux premières opérations dans lesquelles j'ai atteint et dépassé la durée de 6 heures m'ont donné des cristaux de grosseur appréciable, et relativement abondants. Cependant aucun d'eux ne dépassait 1 millim. 1/2 dans sa plus grande dimension.

Lorsque j'ai prolongé la marche du four pendant 9 heures, j'ai obtenu des diamants allant jusqu'à 2 millim. 1.

Avec une durée de 11 heures, les dimensions des principales pierres se sont élevées à 2 millim. 5.

Enfin les plus gros diamants que j'aie obtenus provenaient d'expériences de 12 heures, et atteignaient 2 millim. 7.

Cette progression est très frappante.

Il serait assurément bien téméraire de vouloir déduire de quelques opérations un peu confuses une loi de grossissement, car une foule d'éléments, que je n'ai pu déterminer avec précision, doivent forcément intervenir; mais le principe du grossissement proportionnel à la durée n'en ressort pas moins avec évidence et l'on peut dire, sans excès d'assurance, que si l'on prolongeait l'opération avec régularité pendant 24, 36 et 48 heures, on serait fondé à espérer que les cristaux atteindraient 3, 4 et 5 millimètres de côté, et peut-être davantage.

Etudions, à titre de simple curiosité, la forme de cette progression, telle qu'elle nous est fournie par les quatre premiers termes que je viens d'établir.

Au-dessous d'une durée de 6 heures, nous n'avons aucun document certain nous permettant de saisir le point de départ.

Mais voici une expérience, celle du 13 avril, qui a duré 6 heures consécutives, en bonne marche régulière.

Nous recueillons une certaine quantité de cristaux de grosseurs variées, dont les plus gros atteignent 1 millim. et demi, ou 15 dixièmes.

Ce sera notre premier terme.

Une seconde opération, d'une durée légèrement supérieure, 6 heures 1/2, faite le 16 avril, nous permet de recueillir des pierres d'un ordre de grandeur sensiblement égal.

Prolongeons de trois heures la durée de l'expérience, et portons-la à 9 heures.

Cette opération, répétée deux fois de suite, nous donne encore des cristaux de grandeurs variables, mais cette fois les plus volumineux sont d'un ordre de grandeur nettement supérieur, car ils atteignent 21 dixièmes. La comparaison entre les planches E et F et la planche G fait ressortir bien clairement cette progression.

Dans ces trois heures supplémentaires, les cristaux se sont

donc accrus linéairement de 6 dixièmes, soit 2 dixièmes par heure.

Portons maintenant à onze heures la durée de l'expérience. Cette fois, nous atteignons la taille de 25 dixièmes.

En deux heures, nos cristaux ont donc gagné 4 dixièmes, soit encore 2 dixièmes par heure.

Enfin marchons pendant 12 heures. C'est le maximum que j'aie pu réaliser, les deux expériences de plus longue durée que j'ai faites ayant été manquées. Les résidus nous fournissent des cristaux allant jusqu'à 27 dixièmes. De 11 heures à 12 heures de marche, nous avons donc encore gagné 2 dixièmes, soit toujours une augmentation de 2 dixièmes par heure.

Voici donc trois prolongations de durée, l'une de 3 heures, l'autre de 2 heures, la troisième de 1 heure, qui se traduisent par une augmentation parfaitement caractérisée et régulière de 2 dixièmes à l'heure, les deux premières ayant été répétées deux fois chacune, la troisième trois fois.

En jetant les yeux sur les cinq planches E (6 heures), F (6 heures 1/2), G (9 heures), H (11 heures), K (12 heures), qui toutes sont à la même échelle de grossissement de 10 diamètres, la progression que nous signalons ressort d'une façon frappante.

Il en résulterait que l'augmentation de volume d'un cristal de diamant déjà amorcé, par le dépôt à sa surface des molécules de carbone rendues libres dans le bain de carbure, se ferait, dans les conditions où j'ai opéré, à la vitesse linéaire de 2 dixièmes de millimètres par heure.

Il n'y a peut-être là qu'un indice fortuit, mais il est assez frappant pour qu'il me soit permis de m'y arrêter en signalant tout au moins sa probabilité.

Si cette ébauche de loi se confirmait (et en vérité on ne voit pas bien pourquoi elle ne se confirmerait pas) ; si, comme mes expériences semblent le démontrer, un cristal de carbone placé dans les conditions où je l'ai observé se nourrissait à raison de 2 dixièmes de millimètre à l'heure, nous arriverions à produire des diamants dont les dimensions seraient au bout de :

18 heures		—	3 millim.	9
24	—	—	5 —	1
30	—	—	6 —	3
36	—	—	7 —	5
42	—	—	8 —	7
48	—	—	9 —	9
54	—	—	11 —	1
60	—	—	12 —	3
66	—	—	13 —	5
72	—	ou 3 jours	14 —	7, etc.

Or un diamant ayant 15 millimètres de côté pèse environ 60 carats !

Où s'arrêterait cette progression? On tomberait rapidement dans l'invraisemblable et l'absurde en supposant qu'elle se puisse poursuivre suivant une marche régulière et indéfinie, pendant un temps illimité.

Tous les cristaux que nous voyons dans la nature ou que nous produisons artificiellement dans nos usines et dans nos laboratoires ne sauraient, quelles que soient d'ailleurs leur facilité et leur rapidité de formation, dépasser une certaine limite de grandeur, fixée pour chaque espèce, et au delà de laquelle ils deviennent exceptionnels ou monstrueux.

Il en est d'ailleurs de même pour tous les corps, animés ou non, qui existent dans l'univers.

Si par exemple nous envisageons le sulfate de cuivre ou le ferrocyanure de potassium dont les magnifiques cristaux bleus ou jaune citron font l'orgueil des vitrines des pharmaciens, le chlorure de sodium ou sel marin, l'alun, le quartz, etc., nous savons tous qu'au delà d'une certaine grosseur, variable pour chacun d'eux, ils deviennent de véritables pièces de musée.

L'on peut même se demander pourquoi cette mystérieuse limite s'ajoute au mystère impénétrable qui enveloppe le phénomène de la cristallisation.

Il semblerait que la force qui appelle et assemble les molécules suivant des figures géométriques si remarquables, réside au centre de figure du cristal, qu'elle s'exerce suivant les axes de figure des systèmes cristallins, et proportionnellement à la longueur relative de chacun de ces axes, et qu'elle se trouve équilibrée, à partir d'un certain éloignement, par une force analogue à l'énergie radioactive, qui arrête le dépôt des molécules et l'accroissement du cristal.

Jusqu'à quelle limite peut s'exercer, pour le diamant, cette énergie de cristallisation?

Nous n'avons, pour répondre à cette question, que les dimensions des plus grosses pierres trouvées dans la nature, qui sont l'Excelsior extrait en 1885 des mines du Cap, et le fameux Cullinan, trouvé plus récemment dans les mêmes gisements. La première de ces deux magnifiques pierres atteignait 75 millimètres, et la seconde 90 millimètres.

Pour que ces deux cristaux tout à fait incomparables aient pu atteindre un pareil développement, il a fallu que leur formation s'entourât de circonstances exceptionnellement favorables.

Mais il n'est nullement nécessaire d'invoquer à ce propos, comme on le fait trop souvent, la masse gigantesque des matières traitées par les forces naturelles, ni la vertigineuse puissance des énergies mises en jeu, non plus que l'incommensurable défilé des siècles, pour expliquer la production de ce petit morceau de carbone cristallisé, qui atteint péniblement la grosseur d'une pomme de terre de moyen calibre!

Toute cette impressionnante évocation d'éléments titanesques apparaît vraiment puérile quand on cherche à se représenter l'origine et la formation d'un minéral quelconque sans lui attribuer à priori les proportions d'un événement miraculeux; et personnellement je n'ai pu me défendre d'une certaine stupéfaction en recueillant de semblables opinions de la bouche de certaines personnes chez lesquelles j'étais loin de soupçonner une telle méconnaissance de la logique et de la raison.

Si, au lieu d'un splendide diamant comme le « Cullinan, » il s'agit d'un modeste rognon de silex, de la même forme et de la même grosseur, pourquoi ne pas faire appel, aussi bien, à toutes les puissances de l'Univers pour expliquer sa formation?

La nature a-t-elle dépensé plus de travail dans l'élaboration de l'un que dans celle de l'autre? C'est infiniment peu probable, et, en ce qui concerne le diamant, il est beaucoup plus simple et plus rationnel de croire que seules les conditions particulières dans lesquelles s'est trouvé chaque cristal, individuellement, ont exercé leur influence sur son développement, en le facilitant ou en s'y opposant, suivant le cas.

Or, que pouvaient être ces conditions?

Si nombreuses et si variées qu'on les imagine, elles peuvent se ramener à deux principales qui dominent et qui résument toutes les autres.

La molécule initiale de chaque diamant étant supposée en liberté, il a nécessairement fallu, pour que le cristal se formât :

1° Que d'autres molécules de carbone, également mises en liberté, viennent, appelées par l'énergie de cristallisation dont nous cherchions, tout à l'heure, à nous faire une idée concrète, se joindre à la première, et

2° Que le cristal ainsi formé se soit trouvé dans l'impossibilité de brûler, et, pour cela, que les circonstances l'aient soustrait au contact de l'oxygène.

On peut en déduire que toutes les fois que le carbone en liberté s'est trouvé localisé en abondance au voisinage d'un cristal amorcé, et que le travail de cristallisation a pu se produire à l'abri des actions oxydantes, les cristaux ont pu atteindre des dimensions importantes.

Au contraire, lorsque le milieu s'est trouvé pauvre en carbone, ou que ce dernier, arrêté et combiné au passage par l'oxygène, n'a pas pu rejoindre le centre vers lequel l'appel t l'attraction de cristallisation, il n'a pu se former et se maintenir que de petits cristaux.

Si l'on rapproche cette conception que je me fais de la formation du diamant dans la nature, des conditions que j'ai pu réaliser dans mon four électrique, il n'est pas besoin d'un grand effort pour en saisir la frappante similitude.

Qu'ai-je fait, en réalité, au cours de mes expériences?

J'ai pris une matière très riche en carbone, le carbure de calcium, CaC^2, qui renferme 37 de carbone pour 63 de calcium. J'ai mis en liberté le carbone à l'état de vapeurs, en électrolysant le carbure en fusion. Enfin j'ai constitué autour de mon foyer une atmosphère neutre formée de vapeurs de calcium, et d'où l'oxygène était à peu près éliminé.

Dans ces conditions, le carbone a pu cristalliser, et son cristal initial a pu se développer et grandir porportionnellement à la durée de mes opérations, jusqu'à atteindre des dimensions très intéressantes, puisque certains de mes diamants de synthèse avaient un volume cinq cents fois plus considérable que les plus gros cristaux obtenus par Moissan ; et que ce volume se fût sans aucun doute augmenté encore s'il m'eût été loisible de prolonger la durée de mes expériences.

Lorsqu'on jette les yeux sur les photogravures insérées dans cet ouvrage et représentant quelques-uns de mes cristaux de synthèse, on ne peut se défendre d'une certaine surprise causée par l'irrégularité de leurs formes.

Ce n'est pas ainsi qu'on se représente en général le diamant brut, et la différence profonde entre ces morceaux informes et les pierres adroitement taillées qu'on admire aux vitrines des joailliers semblerait inexplicable si elle ne trouvait sa raison dans la méthode même que j'ai employée pour les obtenir.

Tous les cristaux qui se forment à chaud dans des chapelles ou des géodes présentent toujours ce caractère d'irrégularité.

Allez au Muséum d'Histoire naturelle de Paris, et, dans la collection des minéraux précieux, en belle et bonne place, ainsi qu'il sied à une découverte de cette importance, contemplez les rubis de synthèse obtenus par Frémy il y a plus de 60 ans.

Qu'apercevez-vous? Dans une coupe en verre, un amas de petites écailles d'un violet tirant sur le rose. Auprès de cette coupe, des fragments de la géode artificielle, dite « chapelle de Frémy, » dans laquelle il a réalisé cette magnifique synthèse, et qui conserve encore, tapissant ses parois intérieures, des cristaux de rubis. Y a-t-il une ressemblance même lointaine entre ces écailles et le rubis brut que l'on trouve dans les terres précieuses? — Aucune. Elles n'en ont ni la forme, ni la couleur, ni l'éclat, ni l'air de famille le plus vague.

Et cependant celui qui voudrait aujourd'hui nier cette

parenté, que dis-je, cette identité entre le rubis obtenu par Frémy et le rubis naturel, s'effondrerait sous le ridicule.

On a dit que la plupart de mes diamants paraissaient « clivés, » et quelques intéresses en ont pris texte pour tenter de jeter sur ma découverte et sur ma personne d'assez odieux soupçons. Or, si l'on examine avec soin, sous le microscope, les faces ressemblant au premier abord à des surfaces de clivage, aucun doute ne peut subsister. L'opération du clivage fait apparaître des surfaces parfaitement nettes, tandis que celles que présentent mes pierres sont toujours couvertes d'aspérités, de rayures, de creux ou de ressauts qui écartent toute idée de clivage.

On a voulu insinuer aussi qùe mes diamants provenaient de la taille d'autres cristaux naturels, que c'était des morceaux de clivage, des fragments de déchets, de la poudre d'égrisée, etc. Dans le désarroi qui a suivi l'annonce de ma découverte, une haute personnalité de la joaillerie, voulant rassurer l'opinion, n'a pas hésité à déclarer qu'il avait reconnu dans mes pierres « du plus beau et du plus pur Kimberley. »

Je rappellerai en passant que les diamants de synthèse de Moissan ressemblaient, eux aussi, aux pierres de cette origine et cela fait honneur à la perspicacité et au coup d'œil de cet honorable commerçant.

Si je ne possédais pas un assez grand nombre de ces petits cristaux, de dimensions microscopiques, arrondis de toutes parts, dont j'ai déjà parlé, je ne sais trop comment je pourrais confondre ces calomnies, mais, et c'est là l'irréfutable preuve contre laquelle aucune insinuation, aucune accusation ne peut tenir debout, il est radicalement et physiquement impossible que la fragmentation d'un cristal de diamant puisse donner lieu à des morceaux arrondis de toutes parts, sans plans, ni pointes, ni arêtes.

Que l'on examine, sur la planche F, le troisième des cristaux qui y sont représentés, sans perdre de vue que ses dimensions sont décuplées. C'est une sorte de gouttelette allongée, sans angles, ni facettes, sauf à la partie supérieure où se montre une sorte de pédoncule à cristallisation confuse.

Dans cette pierre translucide, dont la largeur ne dépasse guère un demi-millimètre, qui soupçonnerait le diamant?

Qu'on regarde maintenant la planche K dont les pierres sont, dans leur ensemble, beaucoup plus volumineuses, et qu'on étudie la première pierre de la rangée supérieure et la troisième pierre de la rangée inférieure. Voilà encore des échantillons dont la photographie ne révèle en rien la nature cristallisée. Ce sont de petites masses plus ou moins rugueuses, et qui, même avec le secours d'une loupe de moyenne puissance, semblent tout à fait amorphes.

Mais qu'on les porte sous l'objectif d'un microscope, et qu'on les observe avec un grossissement de 20 diamètres, en les soumettant, grâce au miroir concave, à des variations d'éclairage. Alors l'aspect de ces pierres change du tout au tout.

Elles s'imprègnent de lumière, se remplissent d'une extraordinaire clarté, laissent apercevoir, sous leur enveloppe fruste, les plans de clivage où l'incidence variable des rayons allume des faisceaux irisés d'un merveilleux effet, révélant même des formes cristallines intérieures parfaitement visibles. Ce n'est plus une masse confuse et amorphe, c'est bien le diamant qui se dévoile, la gemme royale dont un léger travail suffira pour dégager l'incomparable beauté.

Mais ce « léger travail, » mes diamants pouvaient-ils le supporter? Obtenus par des moyens si peu compliqués, formés sans l'intervention de ces formidables pressions jugées indispensables par les princes de la science, comment se comporteraient-ils à la taille? Allait-on pouvoir les cliver, les tailler, les polir? Ne seraient-ils pas cassants? N'allaient-ils pas se réduire en poussière à leur premier contact avec l'outil du lapidaire?

Pour en avoir le cœur net, je m'adressai à un joaillier parisien qui, très vivement intéressé par ma synthèse, s'offrit à faire pratiquer un essai de taille dans des conditions de sécurité et de prudence absolues.

Dans un lot que je lui montrai, il choisit sinon le plus gros, du moins le plus beau et le plus franc d'aspect, celui qui est représenté à l'état brut au milieu de la planche K, et l'envoya à Amsterdam, avec les plus minutieuses recommandations.

Quelques jours après, il me le rendait sous la forme d'un brillant taillé à 32 facettes, et d'une eau merveilleuse. Je conserve ce petit brillant qui dénote, de la part de l'ouvrier qui en a opéré la taille, une incomparable dextérité.

En me le remettant ainsi transformé, il me déclara que sa qualité avait été reconnue parfaite, à tous les points de vue.

CHAPITRE IX

Analyses officielles des diamants de synthèse exécutées par MM. Lacroix et Maquenne.

Lorsque j'eus arrêté mes expériences à Levallois-Perret, et fermé définitivement mon laboratoire, je rassemblai mes pierres de synthèse et mes flacons contenant les résidus traités et déjà explorés.

Outre les diamants que j'avais donnés ou perdus, il me restait exactement 177 pierres de grosseur variant entre 1 millimètre et 2 millim. 7, plus une certaine quantité de poudre très riche, provenant de la destruction des géodes qui s'étaient délitées spontanément, et contenant environ un millier de cristaux, dont beaucoup étaient si petits que c'est avec peine qu'on pouvait les discerner au microscope sous un grossissement de 50 et 80 diamètres.

Ce qu'étaient ces pierres, je le savais maintenant d'une façon certaine. La dernière épreuve que je venais de leur faire subir en les soumettant à la taille m'apportait la confirmation de leur valeur au point de vue de la joaillerie.

Mais pour que l'on pût affirmer scientifiquement que c'était bien du diamant, il leur manquait encore la double sanction d'une analyse complète, au point de vue chimique et physique, opérée dans des conditions telles qu'aucune contestation ne demeurât possible.

Il fallait que cette analyse fut faite par des savants inattaquables et indiscutés, et que ses résultats vinssent consacrer définitivement ma découverte.

Je me décidai donc à la soumettre à l'examen de deux des plus hautes personnalités du monde scientifique.

Mais avant de franchir ce pas, je pris la précaution de faire photographier quelques-uns de mes diamants, afin de conserver des documents précis, au cas non impossible dans une aussi délicate matière, ou la maladresse, sinon la malveillance, ne vînt à les faire disparaître. Je m'adressai pour cela à un spécialiste d'une habileté reconnue, très versé dans les questions de cristallographie, M. Montpillard, dont les micro-photographies ont servi à illustrer le magnifique mémoire de Frémy sur la synthèse du rubis.

Un peu surpris tout d'abord à l'aspect de mes cristaux que je lui présentais sous le faux nom de borure de calcium cristallisé, M. Montpillard ne tarda pas à discerner leur vraie personnalité, et, s'intéressant vivement à ma découverte, exécuta avec beaucoup de soin et d'habileté les planches que l'on peut voir dans cet ouvrage.

Une fois en possession de ces documents photographiques, je priai M. Vaillant, Professeur au Muséum, auquel m'attachaient des liens de parenté, de pressentir son collègue M. Lacroix, membre de l'Institut et professeur de minéralogie et de géologie au Muséum, et de lui demander s'il lui convenait de prendre connaissance de mes travaux et de procéder à l'examen de mes pierres.

M. Lacroix accepta avec la plus entière bonne grâce, et le 5 octobre, me reçut à son laboratoire.

J'avais apporté quelques-uns de mes plus beaux échantillons, ainsi que la copie du mémorandum déposé par moi à l'Académie des sciences quelque temps auparavant.

La lecture de ce document parut intéresser au plus au point l'éminent professeur, qui prit ensuite mes pierres et les examina avec une vive curiosité, à la loupe d'abord, puis au microscope.

Tout de suite, il me déclara que ces cristaux présentaient à première vue tous les caractères et les apparences du diamant, et s'offrit à en faire un examen plus approfondi, une analyse physique complète, portant sur leur dureté, leur densité, leur réfringence, leur cristallisation, etc.

Quant à l'analyse chimique qui devait obligatoirement compléter l'examen physique pour asseoir une conviction scientifique, M. Lacroix m'offrit de la faire exécuter par son collègue de l'Académie des sciences M. Maquenne, admirablement qualifié, à la fois par sa haute valeur de chimiste et son habileté d'expérimentateur pour procéder à cette délicate opération.

A la fin de cet entretien, je remis à M. Lacroix les quatre pierres qui figurent sur la planche H, et un peu de résidu en poudre contenant de petits cristaux, en le priant de les conserver pour ses collections du Muséum.

Le lendemain, 6 octobre, je me rendis au laboratoire de M. Maquenne qui, prévenu par son collègue M. Lacroix, me reçut de la façon la plus accueillante.

Longuement il me laissa lui exposer le principe et le détail de mes expériences, dont il discuta, en savant consommé, la méthode et les résultats.

Pas plus d'ailleurs que M. Lacroix, il ne parut s'étonner que l'électrolyse du carbure de calcium m'eût conduit à la synthèse du diamant, le procédé lui semblant en somme parfaitement rationnel et logique.

Il me pria ensuite de sacrifier une vingtaine de pierres destinées à être brûlées par lui dans l'oxygène afin de déterminer leur composition chimique, et dès le lendemain je les remis entre ses mains.

Quelques jours après, le 12 octobre, je me présentais à M. Lacroix pour connaître le résultat de son examen.

Il était pleinement favorable. Mes cristaux, d'après l'éminent géologue, offraient d'une façon indéniable tous les caractères physiques du diamant : ils rayaient le rubis, leur densité était voisine de 3,5, leur indice de réfraction et leurs dièdres de cristallisation étaient bien ceux que l'on devait trouver, et il y avait lieu de les tenir pour des diamants vrais, sauf confirmation de l'analyse chimique confiée à M. Maquenne.

Cette confirmation m'arriva le 14 octobre sous la forme d'une lettre dans laquelle M. Maquenne m'informait « qu'il avait brûlé la veille les diamants que je lui avais confiés, que la combustion avait été normale et correspondait bien à ce qu'on devait en attendre. »

Il me demandait en outre « de lui remettre encore deux ou trois pierres pour les faire brûler à l'air libre, sous la loupe, pour bien saisir toutes les particularités du phénomène, s'il s'en présentait. »

Je m'empressai de déférer à son désir, et le lendemain,

15 octobre, je lui apportai deux de mes pierres destinées à ce nouvel autodafé, auquel il m'invita à assister.

M. Maquenne prit donc ces deux pierres, et les disposa dans une petite coupelle de platine au-dessus d'un fort bunsen brûlant à l'air libre. Au bout de 6 minutes, et sous l'action d'une température qu'il évaluait à environ 1.200 degrés, nous vîmes les deux cristaux s'entourer d'une sorte de photosphère brillante, puis passer par le blanc éblouissant, se résoudre peu à peu et disparaître. La combustion proprement dite dura environ une minute et demie.

La coupelle de platine, retirée du bunsen, laissait voir à la loupe, sur sa surface parfaitement polie, une petite tache formant le résidu de cette combustion. Résidu impondérable car M. Maquenne, l'ayant soumis à une balance de précision sensible au cinquantième de milligramme, celle-ci n'en fut pas influencée.

Cette petite tache fut alors attaquée par une goutte d'acide chlorhydrique, qui en opéra la dissolution, puis M. Maquenne, supposant que ce résidu pouvait contenir du fer, y introduisit un peu du perchlorure de fer. La goutte prit alors une teinte légèrement bleutée, indice d'une réaction qui confirmait ses prévisions.

Ainsi se trouvait établie, d'une façon définitive, la réalité de ma synthèse du diamant.

Comme le premier compte rendu déposé par moi à l'Académie des sciences, aussitôt après la réussite de ma première série d'expériences, avait été rédigé avec une certaine précipitation, conséquence bien naturelle de l'état d'esprit dans lequel je me trouvais alors, et que mes expériences subséquentes avait mis en lumière certains faits nouveaux intéressants, je rédigeai un nouveau mémorandum plus détaillé, comportant les conclusions que j'avais pu tirer de mes travaux, et je le déposai le 30 décembre 1908 au secrétariat de l'Académie des sciences, où il fut enregistré le 4 janvier 1909, sous le n° 7429.

Le lecteur trouvera au chapitre suivant le texte complet de ces deux documents.

CHAPITRE X

Rapports à l'Académie des sciences

1er COMPTE RENDU

des expériences ayant amené la réalisation de la synthèse du diamant (24 Avril 1908).

Je soussigné, Eugène-Marie Guynot de Boismenu, né à Saint-Malo (Ille-et-Vilaine), le 25 janvier 1858, déclare avoir réalisé la synthèse du diamant dans les conditions suivantes :

Le 24 août 1907, j'ai déposé à Paris, par l'intermédiaire de MM. Marillier et Robelet, un brevet (secret pendant un an) sous le nº 45566 pour : « Un procédé électrolytique de reconstitution du diamant. »

Au mois de décembre de la même année, j'entrepris, avec l'aide de quelques amis, de réaliser le procédé décrit dans le brevet ci-dessus.

A cet effet, j'installai à Levallois-Perret, 30, rue de Lannois, un laboratoire comportant une génératrice à courant continu de 50 kilowatts, actionnant deux dynamos à courant continu susceptibles de débiter chacune 800 ampères, et un four électrique à 4 électrodes, d'une capacité totale de 187 décimètres cubes, et d'une capacité utile d'environ 16 décimètres cubes.

L'installation ayant été terminée le 15 mars 1908, je procédai à divers essais de réglage, puis, le 23 mars, je fis un premier essai de fusion.

Le four comportait deux électrodes positives et deux électrodes négatives. Ces électrodes cylindriques, et de 120 milli-

RF

mètres de diamètre, étaient disposées parallèlement deux à deux, avec un intervalle de 80 millimètres.

Une fois les arcs franchement allumés, j'introduisis du carbure de calcium granulé entre les têtes de charbons. Au bout d'un quart d'heure environ, un double bain de carbure se forma sur le lit de chaux et de charbon en poudre dont j'avais formé le garnissage inférieur et latéral du four. A partir de ce moment, le four fonctionna en résistance, et l'intensité, qui atteignait alors 1.200 ampères sous 35 volts, tomba à 300 ampères sous 35 volts. Les deux bains prirent l'apparence sirupeuse et n'arrivèrent pas à se joindre comme je l'avais espéré.

Les charbons furent écartés progressivement jusqu'à 15 centimètres, à mesure que j'ajoutais du carbure pour alimenter les bains.

Après une heure de marche, l'un des couples d'électrodes s'éteignit, tout le courant passant par l'autre couple. J'arrêtai alors l'opération, qui avait duré près de 2 heures, à l'air libre.

Je fis dissoudre dans l'eau la masse de carbure aggloméré, je lavai et décantai les résidus, et je les examinai à la loupe sans y découvrir la moindre trace de cristallisation.

Le 24 mars, je recommençai l'expérience dans des conditions analogues, mais en la prolongeant pendant 2 heures 1/2. Cette fois, comme la première, je n'obtins aucun résultat.

Le lendemain et les jours suivants, je recommençai les essais en variant le voltage et l'intensité, mais toujours sans résultat. Je fis alors pratiquer, dans l'intérieur des têtes de charbons, des logements assez profonds destinés, dans ma pensée, à offrir aux vapeurs de carbone des chambres de condensation relativement refroidies et à favoriser ainsi une cristallisation éventuelle, et je les remplis de carbure de calcium finement concassé.

Cette tentative, répétée plusieurs fois, n'amena aucun résultat.

Ayant ainsi fait six essais consécutifs sans obtenir ce que je cherchais, je remplaçai les 4 charbons de 120 millimètres par 2 charbons de 165 millimètres, afin de concentrer l'effet Joule dans un espace plus restreint, et d'obtenir ainsi une plus grande limpidité du bain de carbure.

Le 8 avril, je remis mon four en marche avec ce nouveau dispositif.

La fusion du carbure s'opéra très régulièrement, et j'obtins un bain d'aspect franchement liquide, sous une intensité moyenne de 800 ampères, et sous une tension de 35 volts.

Un accident de machine me fit interrompre cette expérience après 2 heures de marche.

Je la repris le lendemain, 9 avril, mais, après 2 heures de marche, une dérivation s'étant produite entre le garnissage et l'électrode négative, je dus encore interrompre l'opération.

Le 10 avril, je modifiai la composition de mon garnissage, dont je diminuai la teneur en charbon, et, une fois le bain formé, je recouvris les têtes des électrodes d'un tas de carbure; puis je laissai le four marcher pendant 3 heures. La marche sembla bien régulière et la chaleur bien concentrée.

Je répétai cette expérience le lendemain, mais l'examen des résidus de ces quatre essais des 8, 9, 10 et 11 avril ne me fournit aucun résultat appréciable.

Le 13 avril, ayant formé le fond de mon bain avec du carbure fondu provenant de l'opération du 11, je mis le four en marche à 11 heures du matin, et je laissai l'opération se poursuivre pendant 6 heures, en m'efforçant de maintenir l'intensité aux environs de 800 ampères. La tension était assez stable, entre 32 et 35 volts, un défaut dans les rhéostats d'excitation ne me permettant pas de la baisser, comme je l'eusse désiré, au-dessous de 30.

Le carbure fondu, provenant de cette opération, fut dissous dans l'eau, puis lavé, décanté et séché.

Le 15 avril, j'examinai à la loupe les résidus, dans lesquels je reconnus nettement des cristallisations.

Un simple triage à la main, dans une poignée de résidus, me permit d'isoler aisément une cinquantaine de cristaux d'environ 1 millimètre de côté, que j'examinai au microscope sous un grossissement de 20 diamètres, et dont la forme, la transparence, la cristallisation et l'aspect me semblèrent caractéristiques du diamant blanc à l'état brut.

La masse elle-même du résidu contenait par milliers des cristaux microscopiques brillants dans lesquels je constatai les mêmes formes et le même aspect caractéristiques du diamant.

Des amis, convoqués par moi pour examiner ces cristaux, firent les mêmes constatations que moi-même.

Je les soumis alors à deux ingénieurs dont l'appréciation confirma la mienne en ce qui concernait la nature même de ces pierres.

Alors je les portai à l'examen de deux lapidaires experts, qui, tous deux, déclarèrent sans hésiter que l'on se trouvait bien en présence de diamants bruts, parfaitement caractérisés, et sans aucune confusion possible.

Les moyens me manquaient pour procéder à la séparation méthodique des diamants et de la masse des résidus, au moyen des lavages aux acides; cependant il me fut possible d'isoler à la main une cinquantaine de cristaux dont certains dépassaient 1 millim. 1/2 dans leur plus grande dimension. J'estime que les résidus provenant de cette expérience pouvaient renfermer trois ou quatre fois ce que nous avons retiré par un grossier triage.

Quant aux cristaux microscopiques répandus par centaines dans les résidus, j'en isolai au pinceau de quoi remplir un petit flacon de 2 centimètres cubes.

Ce sont des diamants provenant de cette opération du 13 avril que j'ai renfermés dans l'enveloppe marquée A.

Voulant confirmer cette expérience intéressante, je remis mon four en marche le 16 avril, et je le fis fonctionner pendant 6 heures et demie, toujours avec une moyenne de 800 ampères sous 32 volts, mais en réduisant à 10 centimètres l'écartement des têtes des charbons, qui, le 13 avril, avait été poussé jusqu'à 23 centimètres.

L'examen des résidus de cette nouvelle expérience confirma pleinement le résultat que j'avais obtenu le 13 avril. Les cristaux paraissent aussi nombreux, aussi limpides et aussi bien formés. Je crus même observer que dans leur ensemble, ils étaient d'un ordre de grandeur légèrement supérieur.

Dans l'enveloppe B ci-jointe j'ai enfermé 10 cristaux provenant de l'opération du 16 avril.

Enfin dans l'enveloppe C, j'ai enfermé une pincée de cristaux microscopiques provenant des deux expériences du 13 et du 16 avril.

Dans ces deux expériences, le bain de carbure apparaît, après refroidissement, avoir été nettement décomposé.

Dans la région du pôle négatif, il se présente sous la forme d'une scorie noire, spongieuse et friable, ne contenant plus que quelques traces de carbure inclus dans la masse. Sa présence dans l'eau ne la décompose qu'insensiblement, et avec une lenteur extrême. A l'autre pôle au contraire, le carbure apparaît comme enrichi, présentant des cristallisations très larges avec des irisations en queue de paon, et il décompose l'eau avec une extrême énergie.

Cette observation paraît confirmer que, suivant la théorie que j'expose dans mon brevet, le carbure a été dissocié ; que ses éléments ont été séparés, et maintenus séparés par l'électrolyse, et que c'est cette électrolyse qui a déterminé la formation des cristaux de diamant.

Il me semble admissible que le carbone, en dissolution dans le carbure de calcium liquide constituant l'électrolyte, se sera déposé par cristallisation dans les points de la masse où il aura pu se trouver à l'abri des actions oxydantes, et où régnait une température très inférieure à celle du foyer.

Ces expériences ont été faites dans les conditions les plus simples et les plus primitives, et sans aucune précaution spéciale. Les variations constantes dans l'intensité et le voltage ont sans doute provoqué des alternatives d'échauffement et de refroidissement. Il est également certain que la masse de l'électrolyte était loin d'être au repos, ce qui eût vraisemblablement facilité la cristallisation.

Ces conditions étaient peu favorables, aussi peut-on estimer, sans exagération d'optimisme, qu'en se plaçant dans des conditions de marche plus régulières, et en s'entourant de quelques précautions que nous avons encore négligées jusqu'ici, on arriverait aisément à une cristallisation beaucoup plus facile, plus abondante et plus volumineuse.

E. DE BOISMENU.

2e COMPTE RENDU

à l'Académie des Sciences, du 30 Décembre 1908

faisant suite au compte rendu des expériences ayant amené la réalisation de la synthèse du diamant, déposé sous pli fermé n° 7332 à l'Académie des Sciences, le 27 avril 1908, par M. Eugène Marie Guynot de Boismenu.

Dans un mémoire que j'ai eu l'honneur de déposer sous pli fermé à l'Académie des Sciences le 27 avril 1908, j'ai exposé le procédé au moyen duquel j'avais réalisé la synthèse du diamant, en soumettant à l'électrolyse un bain de carbure de calcium fondu, et j'ai décrit les deux expériences du 13 et du 16 avril qui m'avaient conduit à ce résultat.

Ainsi couvert, en ce qui concernait la priorité de cette découverte, je continuai une série d'expériences destinées à en confirmer l'exactitude, et à rechercher les conditions les plus favorables à la bonne reproduction de cette synthèse.

Je me préoccupai tout naturellement d'obtenir des cristaux plus volumineux, si possible, 1° en prolongeant l'opération, 2° en concentrant l'effet calorifique dans un espace plus restreint, afin d'augmenter ou tout au moins de maintenir la fluidité du bain de carbure en fusion, et de faciliter ainsi la séparation électrolytique des éléments de ce bain.

La première condition était difficile à réaliser, le secteur de Levallois-Perret n'ayant consenti à me livrer la force électrique pour actionner mon four que pendant les heures de jour. Je ne pouvais donc compter sur plus de 12 heures de marche.

Pour la seconde, le bain de carbure ayant une tendance à s'étendre dans le four, il me fallait le maintenir entre des parois assez résistantes, tout en évitant autant que possible la déperdition de calorique et la dérivation du courant dans ces parois.

Je fis ainsi une nouvelle série d'expériences dans le détail desquelles je n'entrerai pas ici, puisqu'elles reproduisent, dans leurs dispositifs essentiels, celles que j'ai décrites dans ma communication du 27 avril 1908.

Je me bornerai à relater les particularités et les observations qui m'ont permis de tirer les conclusions que je présente plus loin.

Effets d'électrolyse.

La séparation, par voie électrolytique, des éléments constituant le bain de carbure fondu, sous l'action du courant continu, ne me paraît pas douteuse.

La masse agglomérée, recueillie après refroidissement, s'est toujours présentée avec les caractères suivants :

Elle part de la tranche du charbon positif, qu'elle déborde rarement, et va en s'épanouissant vers le négatif, qu'elle enveloppe parfois complètement, et qu'elle déborde toujours.

Dans la région positive, le carbure est très beau. Il semble s'être enrichi. Les cristallisations sont larges, franches, irisées. Il décompose l'eau avec une grande énergie. Je n'ai pas mesuré la quantité d'acétylène qu'il dégage, mais l'habitude que j'ai de ce produit me permet d'assurer qu'après l'opération il est plus riche qu'auparavant.

Au pôle négatif, au contraire, il a radicalement changé d'aspect.

Il est devenu noir, friable, percé de trous et de cavernes à la façon d'une éponge. Il ne décompose l'eau qu'avec une lenteur extrême et d'une façon insensible. Deux jours après son immersion dans l'eau, il dégage encore de petites bulles d'acétylène provenant de carbure non décomposé demeuré inclus dans la masse.

L'intérieur des cavernes est tapissé d'une matière blanche formant de petites houppes de fines aiguilles qui s'écrasent sous le doigt. Je suppose que cette matière blanche est une combinaison du calcium avec le bore entrant dans la composition de l'agglomérant employé pour donner la cohésion voulue aux charbons électrodes.

A mon avis, tant que le calcium reste uni au carbone pour former le composé fixe CaC^2, ce composé ne brûle pas. Mais l'action électrolytique intervenant dissocie le carbure.

Le calcium est mis en liberté et appelé au pôle négatif. Là, il s'échappe sous forme de vapeurs d'un rose vif qui apparaissent très abondantes dans la région négative.

Le carbone, dans cette atmosphère de calcium, ne peut s'oxyder, et c'est ce carbone, mis en liberté par le départ du calcium, qui irait cristalliser dans la région du four où je l'ai rencontré.

Dans les opérations que j'ai pu prolonger au delà de 9 heures, j'ai vu se dessiner d'une façon plus nette la région de cristallisation.

A dix centimètres environ en arrière de l'électrode positive, et le long du corps même de cette électrode, la scorie prend une couleur plus claire, et une structure un peu différente.

Elle se présente sous la forme d'une masse dure, vitreuse, de couleur gris bleu, déchiquetée de cavernes dans l'intérieur desquelles on aperçoit distinctement les cristaux de diamant adhérents aux parois.

Dans cette scorie, la cristallisation est tellement abondante, qu'en la grattant légèrement avec la pointe d'un canif, on recueille par centaines des petits cristaux de diamant de 1/10 à 1/5 de millimètre.

Cette région de cristallisation, située assez loin du centre de chaleur maximum du four, est à une température inférieure d'au moins 1500° à celle de ce centre. C'est ce qui expliquerait que le diamant peut y grossir sans brûler.

Matières premières.

Pour mes expériences, j'ai pris du carbure de calcium du commerce, de la chaux vive ordinaire et du charbon en poudre servant à la confection des électrodes.

Toutes ces matières étaient plus ou moins pures, mais je ne m'en suis pas préoccupé, estimant que si, avec ce que j'avais ainsi sous la main, j'arrivais à obtenir du diamant, même impur, il me serait toujours facile de recourir à des matières premières d'un degré de pureté supérieur.

Or les cristaux que j'ai recueillis étant en général parfaitement limpides et de belle qualité, cette question ne semble avoir qu'un intérêt secondaire, sinon tout à fait nul.

Il serait possible, et sans doute facile, au lieu du carbure de calcium qui ne fond que vers 2700°, de traiter du carbure de lithium ou du carbure de baryum dont le point de fusion est bien inférieur, et il est à présumer que les résultats obtenus seraient les mêmes. La condition de limpidité parfaite du bain serait ainsi réalisée d'une façon plus commode, et avec une moindre dépense d'énergie, mais je n'ai pas eu la possibilité de faire ces essais.

On pourrait également, comme me l'a signalé M. le professeur Maquenne, ajouter dans le four un fondant qui abaisserait le point de fusion du carbure et faciliterait le traitement. Mais il convient de se demander si ce fondant, quel qu'il soit, ne donnerait pas lieu à la formation de composés annexes et nuisibles à l'opération.

D'ailleurs, ayant obtenu un premier résultat, j'ai été surtout préoccupé de ne pas perdre ce précieux filon, et je me suis attaché à le reconnaître et à le suivre avec beaucoup de circonspection et de prudence, en ne modifiant qu'insensiblement les conditions de mes expériences successives.

Grossissement.

Pour obtenir le grossissement, la première idée qui venait à l'esprit était de prolonger l'opération.

J'ai expliqué plus haut pourquoi il m'était interdit de travailler plus de 12 heures de suite. Au début, j'avais fait marcher mon four dix fois pendant 2, 3, puis 4 et 5 heures, sans obtenir de résultat.

Ce n'est qu'à la suite d'une expérience de 6 heures, faite le 13 avril 1908, que je recueillis mes premiers diamants. Les plus gros atteignaient à peine 1 millimètre et demi dans leur plus grande dimension.

Une seconde expérience de 6 h. 1/2 me fournit des pierres d'un ordre de grandeur sensiblement égal.

Je fis alors 2 opérations de 9 heures, 2 de 11 heures et 2 de 12 heures, qui me donnèrent des cristaux atteignant respectivement 2 millim. 1, 2 millim. 5, et 2 millim. 7.

Je tentai alors de marcher pendant 24 heures, en deux journées de 12 heures interrompues par 12 heures de nuit, mais cette opération ne réussit pas, bien que la marche du four eût paru régulière. Après refroidissement, le bain de carbure aggloméré me parut avoir subi une décomposition, suivie d'une recomposition, et c'est à peine si, dans les résidus, je pus recueillir quelques minuscules cristaux.

Mais par les chiffres que je donne ci-dessus, il me semble acquis que le grossissement est fonction de la durée de l'opération.

Régularité du régime de marche.

Dans l'installation que j'avais organisée, mon four n'atteignait sa température de marche normale, c'est-à-dire la franche liquéfaction du bain, qu'après 5 heures de marche environ.

En outre, je puis bien le dire aujourd'hui, comme il s'agissait de réaliser une expérience dont les résultats apparaissaient comme bien problématiques, sinon illusoires, j'avais fait en quelque sorte une installation de fortune, dominée par un souci bien naturel d'économie.

Aussi la marche était-elle fort irrégulière. Mes appareils de mesure enregistraient dans la même seconde de 0 à 30 kilowatts. L'ampéremètre sautait d'un bond de 100 à 2.500 ampères, tandis que je m'efforçais, en manœuvrant les électrodes à la main, de régulariser le régime. Seul le voltmètre se maintenait, en dépit de mes efforts, entre 30 et 35, alors que j'aurais désiré un voltage inférieur à 15.

Mes dynamos supportaient assez bien ces secousses, mais dès la première heure l'induit du moteur accusait l'inquiétante température de 115°.

Chaque fois qu'il me fut possible de maintenir un régime un peu stable, l'opération fut réussie. Plusieurs fois, elle fut radicalement manquée.

Garnissage du four.

Le bain de carbure fondu doit être maintenu liquide dans toutes ses parties.

Si pendant quelques instants, le courant cesse de le traverser, il se prend, au moins dans certaines parties, en consistance sirupeuse, et dès lors aucune action électrolytique n'est concevable.

Pour réduire la section du bain, et par suite en augmenter la résistance, j'ai tenté différents moyens. Celui qui m'a le mieux réussi consistait à tasser fortement le garnissage intérieur du four, de façon à former une sorte de gouttière dont les parois devaient maintenir l'épanchement du bain.

Lors d'un de mes essais, j'ai constitué à l'intérieur de mon four une sorte de creuset au moyen de briques de magnésie.

Le résultat a été franchement mauvais. Il s'explique d'ailleurs aisément en considérant que ce creuset, formé de 8 briques de magnésie, atteignait le poids de 24 kilogrammes. Une grande partie de l'énergie calorifique se trouvait absorbée pour échauffer cette masse et la maintenir à haute température au détriment du bain de carbure.

La matière elle-même constituant la sole ou le lit de fusion a donné lieu à divers essais. Au début, je l'ai constituée avec de la chaux et du charbon en poudre, mélangés dans la proportion de 30 de charbon pour 70 de chaux. Par la suite, j'ai augmenté la teneur en charbon, mais j'ai dû abandonner ce dispositif qui donnait lieu à des dérivations du courant.

C'est encore la chaux vive en poudre, mélangée de quelques centièmes de charbon en poudre, destinés à donner de la consistance, qui m'a fourni les meilleurs résultats pour former la sole.

J'ai repoussé à priori l'emploi de creusets en charbon ou en graphite qui m'eussent donné les mêmes résultats que la magnésie, aggravés encore par la conductibilité électrique de ces creusets. Je ne devais pas perdre de vue que mon four travaillait en résistance.

Pression.

Il est une condition qui, jusqu'à ce jour, était tenue pour nécessaire, et dont mes expériences démontrent l'inutilité radicale, c'est la pression.

De ce que le diamant trouvé dans la nature se soit vraisemblablement formé dans un milieu où régnaient de très fortes pressions, on a cru pouvoir conclure que la pression était un facteur indispensable à sa cristallisation.

D'autres considérations, tirées de l'absence de palier de fusion du diamant, ont conduit les cristallographes à invoquer la nécessité d'une énergique action extérieure, pression ou autre, pour déterminer et fixer la formation des cristaux.

Il n'en est rien, car quinze fois j'ai obtenu des cristaux de diamant, toujours en travaillant à four ouvert, et sans la moindre pression.

Rapidité du refroidissement.

On a également parlé de l'influence que pouvait avoir la rapidité plus ou moins grande du refroidissement, mais sur ce point l'accord n'est pas fait. Les uns tiennent pour un refroidissement lent, d'autres pour un refroidissement brusque.

Mes expériences ne sauraient apporter sur ce point d'autre lumière que celle-ci :

Le refroidissement brusque n'est pas une condition nécessaire, et rien ne prouve jusqu'ici qu'il soit favorable.

J'ai toujours laissé mon four se refroidir lentement, après avoir coupé le courant ; et d'une façon générale, le refroidissement s'est toujours opéré dans des conditions identiques.

Dès lors, si la cristallisation ne s'était produite que pendant la période de refroidissement, j'aurais toujours dû recueillir des diamants du même ordre de grosseur maximum, et je n'aurais pas observé cette proportion si frappante entre la durée totale de l'opération et la dimension des cristaux obtenus.

Il est probable, et dans ma pensée il est certain, que si

j'avais eu les moyens de prolonger l'opération pendant 24 ou 48 heures, — si j'avais disposé d'une source d'énergie plus constante, — si j'avais pu régler le régime de mon four à un voltage plus bas, au lieu de 200 petites pierres de 1 à 3 millimètres, j'aurais obtenu plusieurs milliers de diamants de 4 à 5 millimètres de côté, et peut-être davantage.

Mais ce point m'apparaissait comme secondaire au regard de la synthèse même que j'avais été assez heureux pour réaliser, et comme, d'autre part, la curiosité publique, mise en émoi par la burlesque affaire Lemoine, commençait à s'éveiller autour de mon mystérieux laboratoire, et que des indiscrétions semblaient menaçantes, je pris le parti d'interrompre définitivement mes travaux à Levallois-Perret.

Résumé et Conclusions.

En résumé, j'ai l'honneur de faire connaître à l'Académie des sciences que j'ai découvert et établi les faits suivants qui constituent les bases de la synthèse du diamant :

1° En soumettant à l'action du courant continu un bain de carbure de calcium fondu et maintenu liquide par l'action de l'effet Joule pendant plusieurs heures, j'ai déterminé la formation de diamants purs, cristallisés, transparents, identiques à ceux que l'on trouve dans la nature. Cette formation me paraît résulter de la séparation, par voie électrolytique, des éléments constituant le bain de carbure, et au maintien de cette séparation pendant toute la durée de l'action du courant continu.

2° Bien qu'ayant été obtenus au moyen de matières premières impures (carbure de calcium, chaux et charbon du commerce), ces cristaux étaient en général parfaitement limpides et transparents. Le degré de pureté plus ou moins grand des matières premières ne paraît donc pas avoir d'effet sensible sur la qualité des diamants obtenus.

3° La grosseur des cristaux obtenus est sensiblement proportionnelle à la durée de l'action électrolytique sur le bain, à partir du moment où il est bien formé et franchement liquide. Deux opérations de 6 heures m'ont donné des diamants de 1 millimètre à 1 millim. 1/2; deux opérations de 9 heures ont produit des cristaux de 1 millim. 5 à 2 millim. 1; deux opérations de 11 heures ont déterminé la formation de cristaux de 1 millim. 7 à 2 millim. 5; enfin, dans deux opérations de 12 heures, j'ai obtenu la dimension de 2 millim. 7.

Le courant ne m'étant fourni que pendant le jour, je n'ai pu faire d'opération de plus longue durée, et suivre cette série. Si, comme tout le fait penser, elle se vérifiait au delà de 12 heures, on obtiendrait, avec des opérations de 24, 36 et 48 heures, bien suivies, des diamants de 3, 4 et 5 millimètres et probablement davantage.

4° La continuité de l'opération semble être une condition nécessaire à la formation et au maintien des cristaux. J'ai tenté d'opérer deux jours de suite sur le même bain, avec une interruption de 12 heures de nuit, mais cette double opération, qui paraissait avoir régulièrement marché, n'a donné que d'insignifiants résultats. Je n'ai pas cru devoir la renouveler.

5° La constance du régime de marche, et par suite la constance de la température dans le four, favorisent la cristallisation. Ce fait est presque évident *a priori*, car la tranquillité et la limpidité d'un bain d'électrolyse sont des éléments nécessaires à toute bonne cristallisation. Toutes les fois que j'ai pu maintenir mes bains à une température suffisante pendant un temps assez long, les résultats ont été bons.

6° La masse ou la quantité de carbure traité ne m'a pas paru avoir une influence marquée sur la grosseur ou l'abondance du produit. La condition à remplir est que la résistance opposée par la masse en fusion soit suffisante pour maintenir cette masse à l'état franchement fluide. Entre la force électrique mise en œuvre et la masse à traiter, il y a un équilibre que la loi de Joule permet aisément d'établir.

7° La pression, considérée jusqu'ici comme un élément indispensable à la formation du diamant, apparaît absolument inutile. Dans toutes mes expériences, mon four a toujours fonctionné à l'air libre.

8° Le garnissage qu'il m'a semblé préférable d'adopter, après plusieurs essais, pour former la sole sur laquelle repose le bain de carbure, est la chaux vive pulvérisée. Le charbon en poudre et la magnésie m'ont donné des déboires. Le mélange chaux et charbon provoque la formation annexe et nuisible de carbure de calcium. Quant à la chaux vive, au contraire, elle se prend autour du bain de carbure, en une coque assez mince qui constitue un creuset idéal, suffisamment isolant, et très imperméable à la chaleur.

9° Les cristaux de diamant se forment exclusivement dans la région négative du four. En cette région, le carbure de calcium apparaît comme complètement décomposé. Le calcium appelé à ce pôle par l'action électrolytique y brûle en produisant des flammes d'un rose vif. Il se forme, un peu en arrière de l'extrémité du charbon négatif, une sorte de scorie d'apparence vitreuse et de couleur gris bleu, présentant des cavernes à la façon d'une éponge. C'est dans cette scorie que l'on aperçoit, après refroidissement, les cristaux de diamant adhérents aux parois de ces cavernes. Cette scorie, très riche en cristallisations, ne s'est montrée franchement sous cette apparence vitreuse et cette couleur gris bleu, que dans les opérations que j'ai pu prolonger au delà de 9 heures. Ce fait est de nature à confirmer qu'en prolongeant le traitement pendant 24 ou 48 heures, on obtiendrait des résultats beaucoup supérieurs, comme dimensions et comme quantité, à ceux que j'ai obtenus.

10° Sans avoir pu mesurer d'une façon précise la tempéra ture de la région de cristallisation, j'estime, d'après la place qu'elle occupe dans le four, qu'elle doit se tenir aux environs de 12 à 1.500° centigrades.

11° Dans toutes mes opérations, il n'y a jamais eu de refroidissement brusque. L'opération était arrêtée par suppression du courant, et le four, laissé à lui-même et couvert, se refroidissait lentement pendant 24 heures. Le refroidissement brusque n'apparaît donc pas comme une nécessité, pas plus que la pression. Mes expériences ne donnent aucune indication sur l'influence, bonne ou mauvaise, qu'il pourrait avoir.

12° Les cristaux que j'ai obtenus sont du diamant pur, cristallisé, transparent, absolument identique à celui que l'on trouve dans la nature.

Examinés par M. le professeur Lacroix, de l'Institut, au point de vue de leurs propriétés physiques, ils présentent les mêmes dièdres de cristallisation, la même réfringence, la même dureté que les diamants extraits des mines, et sont limités parfois par des surfaces courbes, caractéristiques du diamant.

M. le professeur Maquenne, de l'Institut, qui les a soumis à l'analyse chimique en en faisant brûler 20 échantillons dans l'oxygène et 2 dans l'air, a constaté la proportion d'acide carbonique caractérisant le carbone pur, et n'a pu recueillir que des résidus impondérables.

Divers experts auxquels on les a présentés n'ont pas hésité à déclarer que c'était bien du diamant. Enfin un lapidaire parisien, auquel j'avais soumis un lot de 20 cristaux, en lui déclarant que c'étaient des diamants de synthèse, en a choisi un, qu'il a fait tailler avec soin, et me l'a rendu sous la forme d'un brillant admirablement limpide, taillé à 32 facettes, et m'a déclaré que sa qualité était remarquable.

Les cristaux que j'ai ainsi obtenus sont donc bien des diamants bruts, généralement de belle qualité, qui se taillent et se clivent comme le diamant d'origine, et rien jusqu'ici ne fait penser qu'une distinction puisse être établie entre eux.

Ayant choisi, parmi les différents lots provenant de mes expériences, une quarantaine de diamants, je les ai fait microphotographier par M. Montpillard, sous un grossissement de 10 diamètres.

Je joins au présent mémoire une enveloppe contenant la série des épreuves photographiques de ces échantillons.

L'épreuve marquée E représente 9 pierres provenant d'une opération de 6 heures.

L'épreuve F se rapporte à une opération ayant duré 6 h. 1/2.

L'épreuve G correspond à une opération de 9 heures.

L'épreuve H correspond à une opération de 12 heures. J'ai eu l'honneur de remettre les 4 pierres représentées sur cette épreuve à M. le professeur Lacroix pour ses collections du Muséum.

L'épreuve K correspond à une opération de 12 h. 1/2.

L'épreuve K' représente une pierre de la collection K grossie 15 fois au lieu de 10 fois.

Les triages sommaires que j'ai opérés à la main dans les résidus m'ont permis de recueillir, au cours de mes expériences, environ 200 pierres ayant plus d' 1 millimètre de côté. Les résidus, et spécialement ceux des dernières opérations, contenaient en outre par centaines des cristaux plus petits, dont le microscope révélait la forme et la nature, et dont une opération plus prolongée aurait, selon toute vraisemblance, provoqué le grossissement.

Telles sont, dans leur ensemble, les conclusions que j'ai pu tirer d'une série d'expériences exécutées à Levallois-Perret du 26 mars au 5 juin 1908, époque à laquelle j'ai arrêté ces essais, estimant que mon installation ne me permettait pas de les pousser utilement plus loin.

8

C'est le 6 juillet 1909, un an après la naissance de mon premier diamant, que je me décidai, malgré l'opposition de mon entourage, à demander à l'Académie des sciences l'ouverture de mes deux plis et la lecture de mes mémoires.

Cette ouverture eut lieu dans la séance du 12 juillet.

L'annonce de leur contenu, faite par le secrétaire perpétuel, provoqua un vif mouvement de curiosité, puis une commission de trois membres composée de MM. Lacroix, Maquenne et Le Chatelier fut nommée pour procéder à leur examen.

Le lendemain, la Presse, renseignée par les reporters scientifiques, consacrait de longs articles à ma découverte.

Pendant deux jours on put lire des interviews de M. Maquenne, de M. Lacroix, de M. Templier, de moi-même, et de nombreux experts.

Quelques-uns, les intéressés, m'attaquaient avec violence, m'accusant de supercherie, prétendant que mes soi-disant diamants de synthèse n'étaient que des diamants naturels, placés par moi dans mon four; d'autres, prenant la chose de haut, déclaraient doctoralement « qu'il fallait ne jamais avoir manipulé de diamant pour croire qu'on pouvait arriver à en fabriquer, » oubliant ou ignorant que les plus grands savants, les plus grands chimistes avaient si bien cru à cette possibilité qu'ils y avaient consacré leur temps et leurs efforts; d'autres encore se livraient aux faciles plaisanteries qui sont de règle en pareil cas. Quelques-uns, et en particulier les organes scientifiques, prenaient ma défense, un peu mollement peut-être, et avec de prudentes réticences, mais dans une question aussi délicate, l'Académie n'ayant pas encore répondu, pouvais-je leur en vouloir?

Enfin l'Académie fit connaître son sentiment. Elle répondit... qu'elle ne répondrait pas, et qu'elle n'examinerait pas le travail qui lui était soumis, attendu que j'avais pris un brevet (d'ailleurs secret), pour couvrir mon procédé.

Cet « attendu » me causa, je dois l'avouer, une surprise bien vive et une déception bien cruelle.

La légèreté du motif invoqué,— alors que la plupart des découvertes qui sont soumises à la sanction de la savante compagnie sont, en général, protégées par des brevets, — cachait-elle un autre motif d'un ordre supérieur, et les puissants intérêts en jeu exigeaient-ils le silence?

Quoi qu'il en soit, ce silence laissait la question entière et apparaissait comme aussi éloquent qu'une confirmation!

D'ailleurs, en dépit de la curiosité très vive éveillée dans le public par une question aussi passionnante, il se fit dans la Presse un mutisme si soudain, si unanime, les commentaires s'éteignirent dès le troisième jour avec une brusquerie si inattendue, qu'à moins de faire preuve d'une excessive candeur, on dut reconnaître la toute-puissante intervention d'un pouvoir auquel rien ne saurait résister, le pouvoir de l'argent.

CONCLUSIONS

Cette relation exacte et sincère des expériences que j'ai poursuivies à Levallois-Perret en 1908, pourra sembler bien terne aux gens enclins à s'imaginer qu'une telle synthèse devait s'entourer d'un appareil scientifique plus compliqué et plus théâtral.

Les uns l'accueilleront sans doute avec scepticisme, et ce sera le plus grand nombre. Mais en dépit des points qui restent encore obscurs ou mal expliqués, elle retiendra l'attention des savants, des chimistes, des électriciens de tous les pays, et leur opinion est la seule qui ait quelque valeur en pareille matière.

Un jour viendra, prochain sans doute, où mes travaux seront repris par des expérimentateurs habiles et patients, qui auront bientôt fait de compléter et de perfectionner la méthode que j'ai découverte, et dont les premiers essais, si informes qu'ils aient paru, m'ont donné de si remarquables résultats.

La fabrication du diamant par voie de synthèse sera industrialisée à bref délai, et il n'est pas douteux que l'on n'obtienne bientôt le précieux minéral avec autant de facilité que l'on obtient aujourd'hui ces rubis, ces saphirs, ces émeraudes de synthèse dont, malgré toutes les dénégations, l'œil le plus exercé ne saurait établir la différence avec les pierres naturelles.

Mais ces pierres de synthèse ne coûteront-elles pas plus cher que les pierres naturelles? — Non, elles reviendront à un prix dérisoire.

On a dit et proclamé que pour obtenir quelques diamants de

valeur commerciale à peu près nulle, et dont le plus volumineux ne dépassait guère la valeur d'une modeste pièce de cent sous, j'avais dû dépenser des sommes très importantes.

C'est parfaitement exact, mais on ne peut se défendre de sourire devant la faiblesse d'un tel argument, qui n'a pu se produire qu'en vue de rassurer l'opinion du public, dans ce qu'elle a de plus vulgaire.

Instituer un laboratoire à grands frais, y installer des machines relativement puissantes, y faire des recherches, y

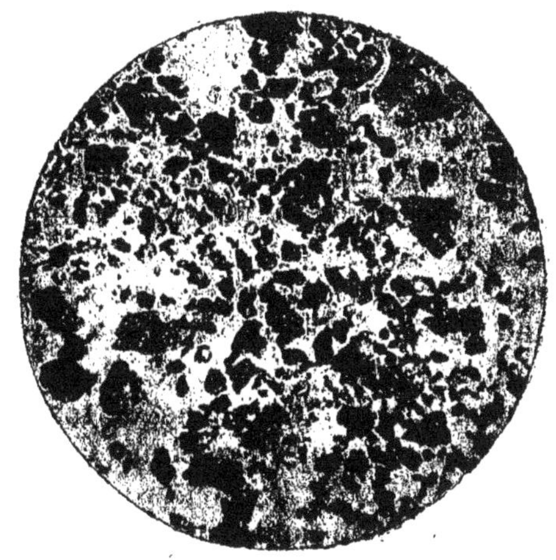

Fig. 19.
Poudre de scories contenant de petits diamants.
(Grossissement 20 diamètres.)

conduire une longue série d'expériences sans prendre souci des dépenses qu'elles entraînent et des contingences commerciales qui s'y rattachent, cela n'a rien à voir avec l'exploitation industrielle qui peut en découler.

Je pourrais répondre, d'une façon aussi peu sérieuse, qu'un kilogramme de carbure de calcium, dont la valeur ne dépasse pas trente centimes, contient de quoi fabriquer 1.750 carats de diamant !

Mais sans m'égarer dans le domaine de l'absurde, qu'il me suffise d'affirmer ici, avec la conviction la plus raisonnée, la plus entière, la plus absolue, que le prix de revient du diamant, obtenu par ma méthode convenablement mise au point, ressortira à un taux absolument infime, et que cette méthode donne le moyen de fabriquer le plus aisément du monde, des diamants aussi purs, aussi beaux, aussi volumineux que les plus beaux diamants naturels, sans qu'il soit possible de les distinguer de ces derniers, car les uns comme les autres ne sont que *du carbone cristallisé*, c'est-à-dire du diamant vrai.

TABLE DES CHAPITRES

BIBLIOTHÈQUE NATIONALE IMPRIMÉS

Librairie BERNARD TIGNOL, 53 bis, Quai des Grands-Augustins. — PARIS

DICTIONNAIRE DE CHIMIE INDUSTRIELLE

COMPRENANT TOUTES LES APPLICATIONS DE LA CHIMIE

à l'Industrie, à la Métallurgie, à l'Agriculture, à la Pharmacie et aux Arts et Métiers

avec la traduction russe, anglaise, allemande, espagnole et italienne de la plupart des termes techniques

PAR MM.

A.-M. VILLON
Ingénieur-Chimiste
Professeur de Technologie chimique

P. GUICHARD
Membre de la Société chimique de Paris
ancien professeur de chimie
à la Société industrielle d'Amiens

avec la collaboration d'un groupe de Chimistes & d'Ingénieurs

Le but de cette nouvelle Encyclopédie est de réunir sous une forme facile à consulter, débarrassée de tous les détails théoriques, l'ensemble de nos connaissances actuelles sur la Chimie industrielle. — Elle s'adresse à toute personne appelée à s'occuper, de près ou de loin, des questions si importantes mais souvent fort embarrassantes de la Chimie appliquée. L'industriel est souvent géné, lorsqu'il veut se procurer les renseignements dont il a besoin. Les traités spéciaux ne donnent pas entière satisfaction aux nécessités si diverses des exploitations industrielles. Tantôt le document pratique cherché est noyé dans des détails trop théoriques, tantôt il est entouré d'explications plus ou moins claires, qui en rendent la lecture obscure et trop abstraite. — Le chimiste industriel est un expérimentateur. Il faut qu'il soit en état d'user à temps de tous les procédés connus, de toutes les méthodes de contrôle reconnues exactes sauf à inventer lui-même de nouveaux moyens appropriés aux circonstances au milieu desquelles il se trouve placé.

MODE DE PUBLICATION

L'ouvrage est complet en 36 livraisons, forme 3 volumes petit in-4 ; prix 75 francs, broché en 3 volumes, ou 80 francs relié en 2 volumes, demi-chagrin, dos orné.

Le tome I (fascicules 1 à 12) se vend séparément 30 francs. Le tome II (fascicules 13 à 22) se vend séparément 25 francs. Le tome III (fascicules (23 à 26) se vend séparément 25 francs. Les fascicules sont vendus séparément, fascicules 1 à 19, chaque fascicule : 3 francs ; fascicules 20 à 36, chaque fascicule : 2 francs.

TABLE DES FASCICULES

1. *Abaca*	à *Acide azotique*,	46 fig.	3 fr.
2. *Acide azotique*	à *Acide phénique*,	62 fig.	3 fr.
3. *Ac. phosphoreux*	à *Ac. sulfurique*,	75 fig.	3 fr.
4. *Acide sulfurique*	à *Air*,	44 fig.	3 fr.
5. *Air*	à *Alliages*,	42 fig.	3 fr.
6. *Alliages*	à *Amphibole*,	54 fig.	3 fr.
7. *Amphigène*	à *Auramine*,	17 fig.	3 fr.
8. *Auramine*	à *Bismuth*,	37 fig.	3 fr.
9. *Bismuth*	à *Broggérite*,	27 fig.	3 fr.
10. *Brome*	à *Caoutchouc*,	48 fig.	3 fr.
11. *Caoutchouc*	à *Chlore*,	55 fig.	3 fr.
12. *Chlore*	à *Chromates*,	50 fig.	3 fr.
13. *Chromates*	à *Corps composés*,	26 fig.	3 fr.
14. *Corps composés*	à *Dialiseurs*,	50 fig.	3 fr.
15. *Digestion*	à *Eau*,	66 fig.	3 fr.
16. *Eau*	à *Engrais*,	23 fig.	3 fr.
17. *Eponges*	à *Explosifs*,	30 fig.	3 fr.
18. *Farines*	à *Fer, etc.*,	20 fig.	3 fr.
19. *Fermentation*	à *Fromages, etc.*,	59 fig.	2 fr.
20. *Gaïac*	à *Gaz d'éclairage*	28 fig.	2 fr.
21. *Gaz*	à *Glucose*,	12 fig.	2 fr.
22 *Glucose*	à *Gypse*,	13 fig.	2 fr.
23. *Hallosyte*	à *Hydrotimétrie*,	14 fig.	2 fr.
24. *Hydrotimétrie*	à *Jaune*,	7 fig.	2 fr.
25. *Jaune*	à *Lin*,	15 fig.	2 fr.
26. *Linoléum*	à *Monazite*,	15 fig.	2 fr.
27. *Mordants*	à *Or*,	25 fig.	2 fr.
28. *Or*	à *Pain*,	27 fig.	2 fr.
29. *Pain*	à *Pétrole*,	21 fig.	2 fr.
30. *Pétrole*	à *Pommades*,	5 fig.	2 fr.
31. *Poteries*	à *Sang*,		2 fr.
32. *Santal*	à *Soufre*,	17 fig.	2 fr.
33. *Soufre*	à *Teinture*,	30 fig.	2 fr.
34. *Teinture*	à *Verrerie*,	37 fig.	2 fr.
35. *Verrerie*	à *Zircon*,	20 fig.	2 fr.
36. *Complément*	(introduction et frontispice).		

Librairie BERNARD TIGNOL, 53 bis, Quai des Grands-Augustins. — PARIS

REVUE DE CHIMIE INDUSTRIELLE

REVUE

DES PRODUITS CHIMIQUES, COULEURS, TEINTURE, MÉTALLURGIE, DISTILLERIE, PYROTECHNIE ENGRAIS, COMESTIBLES, ANALYSES INDUSTRIELLES, ÉLECTROCHIMIE

Réunie avec la

Revue de Physique et de Chimie et de leurs applications industrielles

Fondée par **MM. SCHUTZENBERGER** et **LAUTH**

Les années 1890 à 1912 forment 23 beaux volumes in-4

Prix de chaque vol. : **15** francs

PRIX DES ABONNEMENTS (du 1er Janvier de chaque année)

France........................ **12** fr. | Etranger.................... **15** fr.

Spécimen gratuit à toute personne qui en fait la demande

La faveur toujours croissante avec laquelle le public industriel et savant a accueilli cette publication nous prouve hautement son utilité.

Nous continuerons à tenir nos lecteurs au courant des découvertes, améliorations, méthodes et appareils nouveaux qui viennent chaque jour enrichir le domaine déjà si vaste de l'industrie chimique.

Notre revue reste une tribune ouverte à toutes les observations sérieuses qui peuvent intéresser le public industriel; en faisant appel au zèle et à la sympathie des savants, des ingénieurs et des industriels, nous espérons atteindre plus complètement le but que nous nous sommes proposé et faire œuvre vraiment utile au point de vue des intérêts de l'industrie chimique.

Sommaires de quelques numéros de la Revue

Action du sulfate d'ammoniaque sur le borax dans certains ignifuges, Le Celignifuge, Peinture anticryptogamique. par M. de Keghel. — Les succédanés du celluloïd à base de matières animales, par A. Chaplet. — Une mine de Wolfram au nord du Portugal, par E. Ackermann. — Etude sur la carbonisation en appareils clos des déchets de bois ou de copeaux épuisés des fabriques d'extraits, par J. Noyer. — Revue des Périodiques français et étrangers. — Perfectionnements apportés à la fabrication de la cellulose nitrée. — Blanc de mer, produit obtenu par calcination et pulvérisation de coquilles d'huîtres. — Fabrication de colophane. — Liquéfaction de l'acide sulfureux. — Appareil pour la production du peroxyde d'hydrogène. — Production d'alcool méthylique à l'aide de déchets résultants de la fabrication de la cellulose. — Production de pétroles légers (Mars 1912).

L'industrie des vernis en 1910-1911, par Ch. Coffignier. — Dosage continu des gaz. — Le compteur analyseur Bayer Pintsch, par L. Fabre. — Utilisation des acides naphténiques, par J. D. — Le kapok ou duvet de Java. — Propriétés physiques et chimiques, par E. A. E. — L'exploitation de l'or au Colorado, par E. Ackermann. — Notes et formules de l'industriel. — Utilisation directe des eaux de lavage des laines pour la fabrication des savons. — Procédé pour rendre ininflammable les produits industriels à base de pyroxyle. — Application des allophanoïdes à l'épuration de l'eau et leur obtention en partant des roches naturelles. — Explosif. — Nouveaux vernis à base d'éthers cellulosiques. — Glycérophosphate sulfité, son procédé de fabrication et son application à la vinification. — Composés cellulosiques et leur procédé de fabrication. — Préparation de l'acide diphénylarsinique de ses dérivés nitré, animéphénolique, aminophénolique et de leurs produits de réduction. — Fabrication de bois artificiel moulé (Octobre 1912).

Carburation des alcools industriels et leur emploi dans les moteurs, par M. de Keghel. — L'industrie des vernis en 1910-1911 (suite), par Coffignier. — Sur la délimitation de l'essence de térébenthine, par N. Chercheffaky. — L'essorage dans l'industrie chimique, par L. F. — Brevets d'invention. — Procédé et appareil permettant de recueillir la glycérine qui se sépare dans la saponification des huiles et des graisses. — Application du Rhus Pentaphylla à l'obtention d'extraits tannants ou tinctoriaux. — Fabrication de l'acide acétique (Novembre 1912).

LA ROCHE-SUR-YON. — IMPRIMERIE CENTRALE DE L'OUEST.

Imprimerie Centrale
de l'Ouest
56-60, Rue de Saumur
La Roche-sur-Yon
(Vendée)

www.ingramcontent.com/pod-product-compliance
Ingram Content Group UK Ltd.
Pitfield, Milton Keynes, MK11 3LW, UK
UKHW021308190726
13839UKWH00007B/512

9 782329 400839